Leopold von Ranke

Zur Geschichte der italienischen Poesie

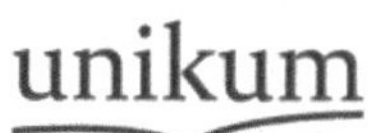

Leopold von Ranke

Zur Geschichte der italienischen Poesie

ISBN/EAN: 9783845743950

Erscheinungsjahr: 2012

Erscheinungsort: Bremen, Deutschland

www.unikum-verlag.de | office@unikum-verlag.de

Leopold von Ranke

Zur Geschichte der italienischen Poesie

Zur Geschichte der italienischen Poesie.

Heutzutage wird nicht leicht jemand eine Nazion oder eine Zeit zu kennen glauben, wenn er nicht neben den Handlungen die sich in Staat und Kirche, in Krieg und Frieden ereigneten, auch die man darf wohl sagen unmittelbareren, von Bedingungen freieren Äufserungen ihres Geistes in Litteratur und Kunst erwogen hat.

Dies ist nicht so schwer, wenn man Nazionen betrachtet deren Dasein sich dem Naturzustande nähert. Mit der Poesie, die ihnen, als ein Ausdruck ihrer Sinnesweise, Erinnerungen und Wünsche, fast von selbst kommt, mit der feststehenden nur ein Überkommenes überliefernden, nicht immerfort suchenden Litteratur, die ihre Priester inne haben, können solche lange haushalten. Die Poëten mögen blühen und sterben, neue Hervorbringungen aufkommen und die alten vergessen werden: der Unterschied wird niemals sehr bedeutend sein: immer wird derselbe Baum gleichartige Früchte tragen. Aus dem eingebornen Sinn der Nazion und dem grofsen Umrifs ihrer Schicksale ist am Ende alles zu erklären.

Da aber wo das Leben ist, wechseln die Weltalter. — Ich weifs nicht, ob irgend noch ein ander Mal eine solche Umwandelung eintrat, in einer so kurzen Periode so durchgreifend und vollständig, wie diejenige ist welche das Mittelalter von der modernen Zeit trennt. Ein Gefühl derselben dringt sich bei der ersten Bekanntschaft auf. Je mehr man eingeht, desto deutlicher nimmt man eine andere Welt der Gedanken wahr, eine abweichende Form des Ausdrucks, einen verschiedenen Kreis und Zusammenhang jener geistigen Tendenzen welche alle Hervorbringung beherrschen, einen andern Himmel, wenn wir so sagen dürfen, und eine andere Erde.

Es wäre unstreitig ein sehr würdiges und Ruhm versprechendes Unternehmen diese Umwandelung allseitig und in ihrem innern Gange zu beobachten; allein in demselben Grade ist es auch schwierig und weitaussehend. Wer will es wagen das Werden zu beschreiben? wer will den Quellen des geistigen Lebens und den geheimen Zuflüssen seines Stromes, den Lauf desselben entlang, nachforschen?

Zunächst mag es wohl erlaubt sein mit Beobachtungen die man in einem beschränktern Kreise, an einem einzelnen Zweige gemacht hat, hervorzutreten; wie das hier meine Absicht ist.

Man weiſs, daſs in den litterarischen Bewegungen des funfzehnten und sechzehnten Jahrhunderts am frühesten die italienische Poesie sich ausbildete, und daſs es vornehmlich die erzählende Gattung war, in welcher sie zu einer anerkannten Vollkommenheit gelangte. Da gerade diese Gattung den Stoff des Mittelalters ergriff und ihn bis zu der Form brachte die man in neuern Zeiten classisch genannt hat, so scheint es mir der Mühe werth eben sie ins Auge zu fassen und die Veränderungen zu beobachten, die an ihrer Art und Kunst allmählig hervortraten.

Ich will in dieser Absicht von einem alten Buche ausgehn, welches Sinn und Manier des Mittelalters besonders deutlich vergegenwärtigt, und wie es durch eine eigenthümliche Lebenskraft sich noch bis jetzt unter dem Volke erhalten hat, so die Grundlage zu vielen andern romantischen Werken geworden ist: von den *Reali di Francia*. Ich versäume hiebei um so weniger zugleich von den bisher unbekannt gebliebenen und für verloren gehaltenen spätern Theilen dieses Werkes Nachricht zu geben, da der Inhalt desselben auch an sich alle Aufmerksamkeit verdient.

REALI DI FRANCIA.

Nicht eigentlich nemlich jene genealogische Heroenfabel von dem Geschlechte französischer Könige, welche der Titel andeutet, noch auch, wie in ähnlichen Büchern, eine Reihe ritterlicher Abenteuer allein, sondern — um meine Überzeugung ohne Weiteres auszusprechen — eine eingebildete, fantastische Historie der Ausbreitung des Christenthums, die indeſs mit jener Fabel auf das genaueste verknüpft ist, macht den Gegenstand der Reali aus.

Es wird eine Zeit angenommen in welcher es in Rom einige Christen gab, unter Papst Silvester, die jedoch eben vertrieben wurden, andere in

England und Irland, noch andere, wie es hier heifst, gegen Indien hin, in welcher aber sonst die ganze Welt, Europa wie Asien und Africa, im Besitz von Heiden und Saracenen war. Diese beten ihre Götter, Apollino, Mahomet, Jupiter, Trivigante, Belfagor, an: auf das seltsamste, wie man sieht, ist ihr Bekenntnifs zusammengesetzt: ihnen opfern sie (¹).

Wenn nun erzählt werden soll wie das Christenthum ausgebreitet worden, sollte man erwarten dafs man von Missionen und Lehre zu hören bekommen würde. Jedoch daran wird kaum gedacht. Die Ausbreitung geschieht durch das Schwert und die Waffen. Die Prinzen von Frankreich, schon bei ihrer Geburt auf der Schulter mit dem Kreuze gezeichnet, sind durch höhere Fügung sie ins Werk zu setzen bestimmt.

Nachdem Kaiser Constantin durch Silvester von dem Aussatz geheilt worden ist, das Christenthum angenommen, die Leiber Peters und Pauls aufgefunden und den Grundstein zu den Kirchen dieser Apostel gelegt hat — dies ist nur die Vorbereitung — geschieht es „um grofser Geheimnisse Gottes willen" dafs sein Sohn Fiovo von dem Hofe fliehen mufs. Schon im Walde bei Corneto wird derselbe mit der Fahne Oriflamme ausgerüstet, welche die Verheifsung des Sieges hat alle Mal sobald sie nicht gegen Christen fliegt. Er überwindet und bekehrt sofort Mailand: doch darf er diesseit der Alpen nicht weilen. In einer Provinz von Frankreich, genannt Sansogna, erwirbt er durch grofse Waffenthaten ein Reich, das er unverzüglich christlich macht, und eine Gemahlin: gar bald hat er Anlafs weiter zu gehn: er erobert Paris und läfst ganz Frankreich taufen: hierauf erhebt er sich wider das Reich Darbena an den deutschen Grenzen: er schlägt die Deutschen, die sich dort versammeln „wo Rhein und Donau entspringen", trotz ihrer Tapferkeit, und nöthigt ihnen Christenthum und den Eid des Gehorsams auf hundert Jahr auf. Dergestalt erobert er einen Mittelpunct christlicher Länder, hauptsächlich in Deutschland und Frankreich, und fast sollte es scheinen als wäre in diesem Flavier eine Erinnerung an die Thaten Chlodwigs und seiner nächsten Nachfolger übrig.

(¹) Man erinnert sich, dafs Herzog Conrad von Masovien, als er den deutschen Rittern den Kampf gegen die heidnischen Preufsen übertrug, ihnen alles überliefs was sie diesen „Saracenen" abgewinnen würden: *quidquid de personis vel bonis omnium Saracenorum adipisci potuerint.* Sogar in Urkunden drang denn jene Vermischung ein.

Ein solcher Fortgang aber setzt die gesammte Heidenschaft in Schrekken, und in unzählbaren Schaaren kommen sie, Rom „das einst die Frau und das Haupt der ganzen Welt war" zu erobern.

Hierauf ist nun ausführlich zu lesen wie Fiovo mit seinen Vasallen und seinen Kindern vornehmlich durch die Tapferkeit des ersten Paladins von Frankreich, Riccieri, der aus dem Blute der Scipionen stammt, in langen Schlachten Rom errettet, wie alsdann sein Enkel Fioravante unter den mannigfaltigsten Abenteuern zwei Reiche, die mit Darbena enge verbündet gewesen, Scandia und Balda, sich unterwirft und bekehrt, wie endlich dessen Sohn Gisberto das Christenthum in Oberitalien behauptet. Es scheint das den ersten Theil dieser ganzen Fabel auszumachen, der bis in das dritte Buch der Reali reicht.

Sogleich hierauf nemlich werden wir in andere Länder geführt und andere Helden treten hervor.

Völker, welche, wie es hier heifst, Sonne und Mond anbeten, haben England erobert und die Herren daselbst vertilgt. Gegen sie erhebt sich Bovetto, der zwar auch jenem Geschlecht zugehört, aber aus einer Seitenlinie desselben stammt. So wie er gelandet ist, läfst er die Schiffe zurückgehn: „unsere Schwerter, unsere Lanzen", sagt er, „müssen uns jetzt statt der Schiffe und alle unsere Hoffnung sein": er erobert erst London, hierauf das übrige England, und stellt das Christenthum her. Dann erscheint Bovettos Enkel, Buovo d'Antona. Durch mannigfaltige Jugendabenteuer wird er in die Länder zwischen dem adriatischen und dem schwarzen Meer verschlagen: nachdem er sein verlorenes Erbe wieder erworben hat, gründet er ein christliches Fürstenhaus in Sinella am adriatischen Meer; dann sucht er den unrechtmäfsigen Beherrscher von Dalmatien und Slavonien in seiner Hauptstadt Astillaga auf, besiegt ihn, so wie die Croaten, die ihm zu Hülfe kommen, und nimmt alle drei Länder ein. Wie darauf Arbaul, König von Ungarn, — (der Arpade) — sich mit Türken, Russen und Albanesen vereinigt um Sinella zu erobern, wird dies zwar Anfangs hart bedrängt, auf die Letzt aber sterben die feindlichen Könige durch die Kinder Buovos; Ungarn wird erobert und zum grofsen Theil getauft: alle diese Länder gehorchen von dem an einem Geschlecht blutverwandter Könige. Es ist das, wie uns dünkt, ein zweiter Theil der Fabel: am Schlusse des fünften Buches wird er durch ein ausführliches Geschlechtsregister beschlossen.

Das sechste und letzte Buch der Reali scheint einen dritten Theil nicht sowohl zu enthalten als zu beginnen. Es erzählt die Geburt Carls des Grofsen, seine Flucht nach Spanien, die Thaten die er unter dem Namen Mainetto in Armuth, Dienstbarkeit und Tapferkeit am Hofe eines saracenischen Königs vollführte, seine Wiederkehr in sein Reich, die ersten Geschichten Orlandos bis zu dessen Zurückführung nach Frankreich. Dies sind jedoch alles Anfänge, die eine weitere Ausführung erwarten lassen. Wenn Carl seine Gemahlin in Spanien erwirbt, so sollte wie bei Fioravante, Buovo und anderen Helden dieses Gedichtes auch der nemliche Erfolg, die endliche Erwerbung des Landes der Gemahlin, zu erwarten sein. Das ganze christliche Abendland dient Carln: nur Gherardo da Fratta nicht, und das Buch sagt ausdrücklich, dafs Carl ihn unterwerfen wolle; man mufs vermuthen dafs dies in dem Fortgange des Werkes erzählt wurde. Carln gegenüber bildet sich ein grofses saracenisches Reich: Agolante, König bereits von Africa, dringt mit drei Heeren in Asien vor: das eine, nicht ohne Hülfe eines christlichen Helden, Milons von Anglante, erobert ihm Persien: mit dem zweiten besetzt sein Sohn Trojano türkische und armenische Länder, während sein anderer Sohn Almonte mit dem dritten über das Gebirg Taurus nach Indien dringt, fünf Könige Leib an Leib besiegt und Indien unterwirft. Nicht ohne Absicht kann dies geschildert sein: — es mufs zu einem Zusammentreffen beider Reiche führen, und der Autor sagt ausdrücklich, seine Erzählung werde ferner berichten, wie Agolante mit Almonte nach Italien gegangen. Endlich fordert auch der Anfang der Geschichte Orlandos einen Fortgang zu dessen Heldenthaten.

Eben hier aber bricht das Buch ab. Gerade der Theil fehlt, in welchem die berühmtesten dieser Sagen, von den Paladinen und der Eroberung Spaniens, behandelt sein, das Werk selbst durch seine Vollendung erst in sein volles Licht treten, auch gar manche Erläuterung der aus diesen Fabeln entsprungenen Gedichte zum Vorschein kommen müfste; ein Verlust selbst für die italienische Sprache von Bedeutung, wenn anders Quadrio die Reali nicht mit Unrecht zu den *Testi di lingua* rechnet und so viele Kenner sich nicht täuschen, die in ihnen die Reinheit und den treffenden Ausdruck der Schriftsteller des vierzehnten Jahrhunderts wahrzunehmen behaupten.

MANUSCRIPT DER REALI.

Glücklicher Weise können wir anzeigen daſs ein solcher Verlust nicht erlitten worden und daſs die folgenden Theile der Reali noch vorhanden sind.

In der Bibliothek Albani zu Rom findet sich ein Codex in Groſsfolio, von Francesco di Bartolommeo Cimatore in den Jahren 1508 und 1509 geschrieben, gegen 400 Blätter stark, welcher folgendergestalt anfängt: *Inchominciasi la honorata storia che chiamata Aspramonte, che fue dopo el libro chiamato el Mainetto che fue el sezo libro de reali di Francia si che seguendo l'Aspramonte, nel quale si trattera el passaggio che fece lo re Agholante prima nelle parti di Chalavria, onde ne segui la sua destruzione sechondo Turpino nel suo francioso libro.* So wie das sechste Buch der Reali den besondern Titel Mainetto hatte, so werden die hier folgenden unter den eigenen Namen Aspramonte und Spagna begriffen. Diese nehmen alle jene Fäden auf, die in dem letzten Buche der Reali abgerissen wurden, und führen die Erzählung bis zu entscheidenden Entwickelungen fort.

Es ist dies aber nicht etwa eine Fortsetzung aus späterer Zeit. Bis aufs kleinste in der Weise, in welcher im Mainetto die Erzählungen angefangen waren, werden sie im Aspramonte weiter ausgesponnen. Wie genau diese Bücher mit den früheren zusammenhangen, sehen wir aus einer Stelle des Morgante von Pulci ([1]). Wo nemlich Pulci die Thaten des fabelhaften Carl von Lattanzio vortragen läſst, folgt er zuerst dem, was das letzte Buch der Reali von Carls Jugend, Flucht und Rückkehr meldet. Wenn Lattanzio dann ohne Unterbrechung von dem Angriff Agolantes auf Italien, dem Tode Almontes, den Geschichten Gherardos da Fratta, dem Zuge nach Spanien, den Kämpfen bei Lazzera, Stella und Pampelona, den Heldenthaten Orlandos im Orient bis zu seiner Rückkehr und der Eroberung von Pampelona erzählt, so sind das die Umrisse von dem, was unsere Bücher im Zusammenhang mit dem Mainetto ausführlich berichten. Für Luigi Pulci bildeten sie nur Ein Werk. Eben dies scheint auch aus der Betrachtung ihres Inhaltes hervorzugehn, den ich nach Anleitung der alten Handschrift hier nun zunächst kürzlich angeben muſs, — zumal da er an sich für die Geschichte der Vorstellungen des Mittelalters von vieler Wichtigkeit ist, und von so man-

---

([1]) *Morg. Magg.* 27, 33.

chen berühmten Sagen und Gedichten, die sonst zerstreut erscheinen, den inneren Zusammenhang darlegt.

Das Buch Aspramonte schildert einen grofsen und zwar einen dreifachen Angriff der Saracenen auf die christlichen Länder, welcher folgenden Ursprung hat. Agolante, an dem Hofe zu Arganoro in Africa, wo ihm vierundvierzig gekrönte Könige den Eid geleistet haben und mehr als vierhundert Herzöge ernannt worden sind, wird in dem Genusse seines Glückes durch die Behauptung gestört, es gebe einen christlichen König, der zwar nicht so viele Baronen habe, aber ehrenwerthere, der im Ganzen noch herrlicher und trefflicher sei als er, Carl den Grofsen. Agolante beschliefst hierauf Carln mit Krieg zu überziehen. Indefs er sich rüstet, sendet er seinen Schreiber, Subrino, die christlichen Länder auszuspähen. Sechs Jahr und sechs Monat bringt dieser auf der Reise zu: er findet in der Christenheit freies, wohlbewaffnetes, kriegslustiges Volk; allein es ist in Entzweiung. Besonders der Zwist Carls mit Gherardo da Fratta erweckt ihm Hofnung zum Siege.

Nach prächtigen Turnieren brechen die Saracenen auf. Mit 700000 Mann und 32 gekrönten Königen gehn Agolante und Almonte wider Italien; Trojano dringt mit 12 Königen und 300000 Mann durch Spanien nach Frankreich vor; indefs steigt der König des noch saracenischen Portugal zu Schiff um England anzugreifen (1).

---

(1) **Der Gang der Erzählung erhellt aus folgenden Summarien der Capitel des ersten Buches:**

Cap. 1. *Dicie derre Agholante che aveva presa grande signoria ed era molto amato da suo signiori e sottoposti di nuovo acquistati.*

Cap. 2. *Chome certi baroni lodando lo re Agholante molto per llo piu nobile signiore del mondo e uno buffone lodando Charlo magnio fue da altri buffoni battuto e fue liberato da Tramondess figlivolo derre Bramante cherre Charlo amazzo.*

Cap. 3. *Chome un altro buffone per invidia l' ando a dire questo caso a Trojano figlivolo maggiore derre Agholante el quale egli batte e chome si fuggi arre Agholante e conto tutto.*

Cap. 4. *Chome per le parole del buffone lo re Agholante giuro di disfare Charlo e chome Millone d'Angrante si parti sentendo questo per tornare in Francia.*

Cap. 5. *Chome lo re Agholante fece giurare tutti e suoi baroni d'essergli fedeli e disse per di qui a cinque anni mandero per voi, e baroni si partirono e chome mando uno suo segretario a spiare Roma e tutta Europa.*

Cap. 6. *„Disse Subrino: io sono stato a Roma e viddi papa Leone, figli di Bern. di Chiar.*

Zuerst wird der Angriff Agolantes und Almontes auf Risa, an der Meerenge von Sicilien, in dessen Hafen sie ihre Schiffe sichern wollen, geschildert. Die Stadt wird vornehmlich von Riccieri, dem tapfersten von den drei Söhnen des dortigen Königs, vertheidigt. Es geschieht daſs die ritterliche Tochter Agolantes, Ghaliziella, die oft in africanischen Turnieren Siegerin geblieben, wie sie Almonten vom Pferde geworfen sieht, sich auch in den Kampf begiebt: auch sie fällt; aber eben ihr Miſsgeschick muſs zur Eroberung der Stadt Anlaſs geben. Indem ihr bei dem Fall der Helm aufgeht, verrathen ihre langen Haare ihr Geschlecht; Riccieri liebt sie und vermählt sich mit ihr: hierüber wird sein Bruder Beltram in so hohem Grade neidisch, daſs er Risa an die Saracenen verräth. Bemerken wir gleich hier, daſs sich

---

e passai per Toschana per Lombardia e andai in Ungheria e in Buemia e nella Magnia alta e nella bassa e vidi Baviera e Bramante e Virgiboris e Brandisborgis e Fiandria e Cholognia e llisola d'Inghilterra e Frigia bassa e Brettagna e Cisbischalia e Maghanza e lla Borgognia e Savoia e Proenza e poi m'andai a Francia ed a Parigi ed uno anno servi Charllo in chorte."

Cap. 7. *Chome Subrino fece parlamento a tutti i Baroni confortando gli delle imprese contro Xiani.*

Cap. 8. *Chome a queste feste vennono molti Signori facendo giostre nelle quali giostre giostro una figliola d'Agholante sua ed era bastarda e avea nome Galiziella e assai scavalcho.*

Cap. 9. *Chome poi lo re Agholante per sua prodezza la doto di dua reami e chome ella promise ad Almonte di non tor marito se non e che l'abatteva.*

Cap. 10. *Chome lo re Ghalafrone venne ad Arghanoro addagholante per avere pace e perche nolla poteva avere, dono Durllindana a Ghaliziella e per quello ebbe la pace e torno in Ispagna.*

Cap. 11. *Chome lo re Agholante fece chomandamento che ogni uno dovesse entrare in mare e chosi Armonte venne a porre champo alla spiaggia di Chalauria e un indovino gli disse che piglirebbe tutta Europa.*

Cap. 12. *Chome lo re Almonte navichando si prese parte nell ultime parti d'Italia e achampossi a lla citta di Risa nel Faro di Messina.*

Cap. 13. *Chome Almonte s'armo e ando vagando a tutto il paese.*

Cap. 14. *Chome lo re Agholante volle vedere tutta la provincia e lle citta e veduta la citta di Risa ordino che quella per ogni modo si pigliasse.*

Cap. 15. *Chome lo re Almonte mando uno interprete a Risa a domandare che gli dessino la citta ella risposta che gli fu fatta dal signore di Risa.*

Cap. 17. *Chome Ricieri ordino le schiere per uscire fuori e quello che Beltramo avesse a fare.*

Cap. 18. *Chome Ricieri e frategli assalirono el campo.*

die Fabel desjenigen Ruggiero hieran knüpft welchen Bojardo und Ariosto besungen haben. Von Ghaliziella liefs man ihn und Marfisen geboren werden. Unser Autor versichert jedoch ausdrücklich, das Buch dem er folge, enthalte hievon nichts.

Mit dem Falle von Risa ist nun der Knoten geschürzt. Carl der Grofse, hierauf noch durch die ausdrückliche Aufforderung Agolantes ihm die Herrschaft von Europa abzutreten beschimpft, zieht ihm mit der Macht seines Reiches und seiner Verbündeten von England, Niederfriesland und Ungarn entgegen. Es ist eine allgemeine freiwillige Bewegung. Carl hätte die Söhne seiner Fürsten, Orlandino, Astolfo von England, Otto und Berlinghieri von Baiern, gern zu Hause gelassen; jedoch sie erschlagen ihre Wächter und kommen ihm nach. Auch Gherardo da Fratta sogar behauptet sich nicht in seiner Feindseligkeit. Einen Erzbischof der ihn mitzuziehen einladet, weist er zwar sehr schnöde ab; aber von seiner Gemahlin überredet, macht er sich zuletzt doch mit einem abgesonderten Heere auf den Weg um Carln beizustehn. So kommen sie nach Calabrien in das Gebirg Aspramonte. Sie treffen zuerst auf Almonte, welcher mit 100000 Mann das Land zu verwüsten ausgezogen war. Der Kampf ist zweifelhaft: schon hier fällt einer der vornehmsten christlichen Helden, Milon von Anglante; aber Gherardon gelingt es, die beisammenstehenden Fahnen der Saracenen zu erobern; die Christen schöpfen wieder Athem: während sie in hellen Waffen, von deren Glanze die Berge umher widerleuchten, gegen die Hügel auf welchen sich die Saracenen noch halten anrücken, flieht Almonte. Unmuthig über sein Mifsgeschick, nachdem er auch seine Gefährten verloren, kommt er bei der Quelle an, an welcher einst S. Silvester, als er nach Aspramonte floh, eine Fichte und einen Ölbaum gepflanzt hatte ([1]). Hier erreicht ihn Carl, der ihm allein nachgesetzt, und sie beginnen den Zweikampf. Sie fallen und Almonte ist im Vortheil, als Orlando ankommt und den Saracenen erschlägt, der sonst ohne Zweifel den König getödtet haben würde. So ist Almonte vernichtet. Noch aber ist Agolante mit einer viel stärkern Macht übrig: seine Schiffe bedecken die Meerenge. Drei Heilige in weifsen Klei-

---

([1]) Zu der Flucht Silvesters nach Aspramonte finden sich in andern Sagen und Legenden Gegenstücke; z. B. flieht Papst Cornelius (dem Leben des h. Dalmatius zufolge) verfolgt von dem Kaiser in die Alpen, wo er auf einem hohen Berge Wohnung nimmt.

dern erscheinen, den Christen zu helfen: sie weihen Orlandon zum Ritter Christi und jeder begabt ihn mit einer Gnade. Man schlägt mehrere Tage: endlich ist es wieder Gherardo, der die Hauptfahne Agolantes niederwirft, sein Sohn Don Chiaro tödtet den grofsen Saracenenkönig. Hierauf stellt man die von den Feinden zerstörten Kirchen wieder her und verheirathet die Witwe Agolantes an den jungen König von Ungarn.

So ist wohl Italien und Rom errettet, aber indessen ist Trojano, zwar der Bruder Almontes, aber minder edel, „der sich aus seinen Göttern nichts macht, auf Vernunft nicht hört, wenig Wahrheit in seinem Munde, wenig Glück in seinen Sachen hat," durch die Provence bis nach Savoien vorgedrungen, und plündert die Herrschaften Gherardos. Eilend kehrt dieser zurück. Doch so wenig er anfangs Carln von dem Angriff benachrichtigt, so wenig will er ihn darnach zu Hülfe rufen. Er fürchtet, man werde ihn alsdann zwingen dem König zu huldigen. Dennoch ist er zu schwach den Feind zu verjagen; und Carl mufs doch endlich mit seinen Helden erscheinen, um ihn zu beschützen. In einem sehr sonderbaren Zweikampf, erst mit Don Chiaro, dann mit Orlando, endlich mit ihnen beiden wird Trojano erlegt: sein Heer zerstreut sich.

Indefs sind die Schiffe der Portugiesen, die nach England gingen, von ungünstigen Winden zurückgetrieben worden.

Das Gedicht zu vollenden, mufs nur noch eins beseitigt werden, das immer fortdauernde schlechte Verhältnifs Gherardos zu Carl. Obwohl Carl auf die Huldigung die er gefordert hat, wieder verzichtet, so kommt es doch zuletzt zwischen beiden zum Kriege. Gherardo geräth über die Unfälle die er erleidet, dergestalt in Wuth, dafs er das Crucifix zerbricht, ein Renegat wird, nach Spanien geht und mit der Hülfe Marsilios Königs von Saragossa zum Kriege wider Carl zurückkommt. Nun erst hat man volles Recht wider ihn: die Spanier werden geschlagen: schon hat Orlando den Don Chiaro, von ihm selber gezwungen, im Zweikampf erlegt; er besiegt auch den Enkel Gherardos, Uliviero; dieser wird endlich von seinen eigenen Kindern in einen Thurm gesperrt, wo er stirbt. Auch dies Haus erkennt Carln an; in der Christenheit ist Friede, und die Angriffe der Feinde sind abgeschlagen. Schon hat Orlando geschworen die Gemahlin die er in diesem Streit erworben, Alda la bella, Enkelin Gherardos, nicht zu berühren, bis er sie zur Königin von Spanien gekrönt habe: um ihn sammeln sich die zwölf Paladine: der Papst bestätigt sie ausdrücklich zur Nachahmung der zwölf Apostel. Wie es deren Amt gewesen zu predigen, so sollen die Paladine mit dem Schwert in der Hand den Glauben vertheidigen und mehren.

So kehrt das Gedicht endlich auch in diesem Theile zu seinem ursprünglichen Plane einer Darstellung der Ausbreitung des Christenthums durch Ritterthum und Waffenthaten zurück. Ein neues Buch, von den Thaten Carls, Spanien betitelt ([1]), beginnt, und diesmal in der That nach dem Vorgang der unter des Turpin Namen bekannten alten Schrift, mit einer Vision Carls, welchem der Apostel S. Jacob seine Verwunderung bezeigt, daſs er nachdem er so viele Gnaden erfahren, dennoch sich nicht rüste das Land Spanien, das ihm ohnehin zukomme, und sein des Apostels Haus zu erobern, damit der Weg für jeden Pilgrim frei werde. Dreimal hat Carl diese Vision: hierauf fängt er an mit einem Eifer Schätze zu sammeln, daſs er, der bisher für den freigebigsten, nunmehr für den geizigsten Menschen der Welt gehalten wird, bis er endlich seine Absicht eröffnet, und die Baronen auffordert sich zu rüsten.

Hierüber erschrickt vor allen König Marsilio von Spanien. Den anfragenden Gesandten desselben antwortet Carl, er sammle das Heer allen seinen und des christlichen Glaubens Feinden zu Tod und Verderben. Marsilio rüstet sich: seinen besten Helden, Ferrau, der, in erster Jugend gigantengroſs, mit vortrefflichen Waffen, jedem Gegner überlegen ist, schickt er nach Lazzera, wo die stärksten Pässe zu überwinden sind; den Serpentin nach Stella; den Mazarigi mit dem verständigen Iseres nach Pampelona. Das Buch schildert, wie das Heer Carls, bei 200000 Mann stark, einen dieser Orte nach dem andern nimmt. Vor Lazzera streitet Orlando mit Ferrau bald in den Waffen, bald über den christlichen Glauben, bald wetteifern sie in guten Sitten; die Christen selbst erkennen daſs Ferrau der stärkere ist, und hier ist der Zug daſs Ferrau den Orlando bereits fortträgt, als dieser sich wieder ermannt, aus dem alten Turpin beibehalten; endlich gelingt es Orlando'n den Gegner zu durchbohren: man nimmt Lazzera, dringt dann zur weitern Eroberung von Spanien vor, und belagert Pampelona.

([1]) *Inchommincia la nobilissima storia della Spagnia e prima secondo un libro francioso rechato in lingua latina e poi di latina in fiorentina, nella quale si trattera dello acquisto che fece Charllo ella morte di dodici paladini di Francia.*

Sollte aber dies Gedicht vollendet werden ohne daſs auch der Unternehmungen im Orient und Jerusalems gedacht würde? Zu unvollständig wäre die Aufgabe gelöst.

Deshalb muſs geschehen daſs Orlando, indem er während jener Belagerung einstmals auszieht um eine benachbarte Stadt zu nehmen, in die man die Reichthümer des Landes geflüchtet hat, obwohl ihm dies gelingt und er die Stadt nicht allein bezwingt sondern auch bekehrt, dennoch Carls Unwillen erweckt, und bei seiner Rückkehr von dem Könige mit wilder Heftigkeit behandelt wird. Schon greift er nach dem Schwert um sich zu rächen; doch bedenkt er noch, Carl sei doch sein Fürst, und zieht es vor, das Lager allein zu verlassen. Unter mannigfaltigen Abenteuern gelangt er nach Persien, wo eben der Sultan, dessen Tochter den bejahrten König von Syrien und Arabien Machidante verschmäht hat, von diesem deshalb mit Krieg überzogen wird. Orlando, unter dem Namen Lionagi, steht dem Sultan bei; er besiegt den tapfersten Vasallen Machidantes im Zweikampf: er vertheidigt das Land, wie dieser König wiederkommt es zu erobern, und schlägt ihn völlig; alsdann sucht er ihn in seinem eigenen Reich auf. Ganz Syrien findet er bereits in Empörung. Er geht den Feind in Jerusalem zu belagern. Ich finde die weiteren Verwickelungen, durch welche diese Belagerung mit Pampelona in Verbindung gesetzt wird — denn Carl vermiſst Orlando und sendet nach ihm — sehr wohl erfunden. Endlich nimmt man Jerusalem ein: Machidante wird erschlagen, und der Sultan, nunmehr Herr aller dieser Länder, macht den Vertrag mit Orlando, daſs Jerusalem und Bethlehem den Christen gehören und unter der Botmäſsigkeit König Carls stehn sollen.

Nach so wohl vollbrachten Thaten kehrt Orlando vor Pampelona zurück. Durch seine Tapferkeit und die Geschicklichkeit der Lombarden, die König Desiderius von Pavia herbeigeführt hat, wird es erobert. Iseres läſst sich taufen, ganz Pampelona wird getauft: nachdem Stella erobert ist, ziehen diejenigen ab welche nicht Christen werden wollen; aber die meisten werden es; Marsilio weiſs keinen Rath mehr als sich zu beugen: sein Botschafter bittet Carln um Frieden und um Verzeihung.

Unerwartet aber bekommt er doch noch einmal Hülfe.

Neben alle den Heldenthaten zieht sich durch dies ganze Werk, ohne Zweifel in dem Gefühle der steten Entzweiungen der Christenheit erfunden, die Sage von dem verrätherischen Haus von Maganza. Als Fiovo Paris eroberte, blieb aus dem alten Stamme französischer Könige, die von Troja herkamen, eine Tochter übrig und er vermählte sie einem Waffengefährten. Sofort wider ihn dachten sie auf Verrath: Fiovo mufste den alten Genossen tödten: sie aber entfernte er nur: an dem Jura gründete sie Schlofs und Haus Maganza. An den Verräthereien, die in den Reali vorkommen, hat nun dies Geschlecht fast immer Antheil. Die Unglücksfälle, die Buovos Jugend bezeichneten, kamen von ihnen her; bei der Flucht Carls hatten sie die Hand im Spiel; dafs Gherardo Krieg wider Carl anfing, war wenn nicht ihr Werk, doch ihre Schuld. Jetzt aber wird die Reihe dieser Verbrechen durch das gröfste vollendet. Gan von Maganza, obwohl Carls Eidam, unternimmt doch, einer Beleidigung halber die er von Olivier erfahren, seinen Fürsten an Marsilio zu verrathen. Um den Schlufs her sammelt dies Gedicht alle seine Fäden.

Sowohl Berathen als Vollbringen des Verrathes, das Unglück von Roncisvall, wo Orlando den Tribut Marsilios erwartet und mit drei Heeren von ihm angegriffen wird, und den Tod der Paladine schildert es mit anschaulicher Ausführlichkeit.

Auch ein so grofses Unglück jedoch kann die Eroberung von Spanien nicht hindern. Carl rächt die in Roncisvall Gefallenen. Er nimmt Saragossa ein, und alles Land das dem Marsilio gehört macht er christlich: einen seiner Helden läfst er daselbst als König. Schon ist Gan bestraft. Das Buch berichtet noch die traurige Rückkehr und den rührenden Tod der Alda bei den Leichen ihres Gemahles Orlando und ihres Bruders Olivier. Carl geht nach Rom um für Orlando Seelenmessen anzuordnen. Auf der Hinreise gründet er Florenz, das „*Totila flagellum Dei*" zerstört hatte: auf der Rückreise läfst er bei dem Hafen Malamocco, wo derselbe eine andere Stadt zerstört hatte, Venedig aufrichten.

So schliefst dieses Werk: gewifs eine der eigenthümlichsten und denkwürdigsten Hervorbringungen die aus dem Mittelalter übrig sind. Man hat bemerkt dafs die Sage sich am liebsten mit der Genealogie eines berühmten Geschlechtes in Verbindung entwickele. Die unsere hält sich an einen Stamm der allerdings einmal als der erste von Europa angesehen werden konnte. Die Reali können nicht gedichtet sein als das deutsche Kaiserthum in Italien und über Europa mächtig war: die Poesie würde dann die oberste Macht nicht so unbedingt in die Hände eines undeutschen Geschlechtes gelegt haben. Damals aber als französische Prinzen in Neapel regierten und eine vorherrschende Gewalt in Florenz und Rom, selbst in der Lombardei ausübten, damals als Könige aus diesem Hause Ungarn und seine Nebenländer beherrschten, als der Einfluſs desselben durch die Macht des Hauses Luxemburg in Deutschland, durch die Verhältnisse der Blutsfreundschaft in England und Spanien mächtig, der Papst selbst ihm zu Diensten war, im vierzehnten Jahrhundert ([1]), auf welche Zeit Sprache, Ansichten, Geographie dieses Buches weisen, damals konnte auch ein Poet diesem Geschlechte, das in der That so mächtig war, eine erbliche höchste Gewalt zuschreiben, und von dem was er sah ausgehend, sich die Entwickelung von Europa auf die sonderbare Art zusammensetzen wie hier geschehen ist. Sobald die Historie vergessen ist, ja so lange wir sie noch nicht mit dem erkennenden Geist durchdrungen haben, wird man sie sich immer poetisch oder philosophisch zu ergänzen versuchen. Unser Poet behält einige groſse historische Namen, jedoch knüpft er Constantin wie Carl den Groſsen an das Geschlecht das er nun einmal im Besitze der Macht sieht. Wie Ritterthum und Frömmigkeit, so fallen ihm Ausbreitung einer höchsten Gewalt und des Christenthums zusammen. Sonderbare Metamorphose die mit dem Evangelium vorgegangen! Der Annahme des Glaubens wird das Geschenk einer unbesiegbaren Fahne hinzugefügt: unter den wundersamsten Abenteuern werden Italiener, Franzosen und Deutsche, ungarische und slavische Völker, die Engländer zum zweiten Mal, endlich auch die Spanier zum Christenthum gebracht: es wird gleichsam der Umkreis durchgegangen welchen damals die Nazionen des lateinischen Bekenntnisses, wenn nicht alle, doch diejenigen wenigstens, auf die Frankreich Einfluſs hatte, ausmachten. Jerusalem, wovon wenigstens der Titel in der Christenheit geblieben, wird nicht vergessen. Dadurch daſs dem Christenthum gegenüber ein mit dem Heidenthum ohne weiteren Unterschied vermischter Mahumetanismus ge-

([1]) In der Sammlung der Königin Christina, einem Theil der vaticanischen Bibliothek, findet sich der Roman von Buovo in sehr eintönigen altfranzösischen Reimen. Es ist Nr. 1632. Er schlieſst: *Ci finist le roman de Buevo de Hanton*; und diesen Worten ist von anderer Hand hinzugefügt: „*qui fut fait le 10me jour de mars mil trois cens et quatre.*" Auch dies Datum, von dem ich indeſs dahin gestellt sein lasse in wiefern es einiges authentische Ansehen hat, würde auf den ersten Anfang des vierzehnten Jahrhunderts hinweisen. Der Codex ist unvollständig, die Fabel weicht von der italienischen bedeutend ab.

dacht wird, dem alle diese Länder eins nach dem andern abgenommen werden, erhält der Plan Einheit. Der Kampf wächst mit der Gröfse des Gegenstandes an Interesse. Wenn man bemerkt hat, dafs das Epos einen glücklichen Ausgang fordere und doch ein grofser Eindruck nur durch die Darstellung grofser Unfälle zu erreichen ist, so ist auch hier beides vereinigt. Man siegt, aber unersetzlich ist der Verlust den man dabei erlitten hat (1).

Nach allen Seiten hin könnte dies Werk zu historischer Betrachtung Anlafs geben. Es wäre zu erörtern, aus welchen Quellen es erwuchs, in welchem Verhältnifs es zu den Helden- und Rittersagen andern Stoffes steht, welchen Antheil die verschiedenen Nazionen an seiner Ausbildung hatten.

---

(1) Ich kann indefs nicht verbergen, dafs es doch möglich wäre, dafs dies Werk wenigstens in seiner spätern Ausbildung noch einen andern Theil gehabt hätte. Ein florentinischer Poet, unter dem Namen Altissimo bekannt, unternahm, die ganzen *Reali di Francia* in Ottaven zu bringen. Er hat davon das erste Buch in 98 Gesängen vollendet, und in dem Eingange zu demselben den Umkreis der Fabel, die er behandeln wolle, beschrieben. Er nennt die Sagen von Constantin, Fiovo und seinen Söhnen, von Buovo und Mainetto; alles was die gedruckten Reali enthalten: ohne Unterbrechung läfst er die Kriege Agolantes in Aspramonte, die Vertheidigung der Kirche die Carl wider ihn übernahm, den Tod Almontes an jenem Brunnen und die Überwindung Gherardos da Fratta folgen. Hier aber weicht er ab. Er will alsdann die Sage von den Haimonskindern, darnach erst Spanien besingen; endlich will er die Erzählungen von dem Sohne Carls und den Nerbonesen, dem tapfern Tibald, den Schlachten und dem Ruin der Reiche hinzufügen.

Wie es möglich war die Sage von den Haimonskindern in diesen Kreis zu verflechten, da sie doch auf eine sehr abweichende Vorstellung von dem Hofe Carls gegründet ist, während die Spagna sich genau an Aspramonte anschliefst, ohne Rinaldos auch nur zu gedenken, kann ich bei der Manier dieses nichts als die vorliegende Prosa in Ottaven wiedergebenden Poeten nicht recht begreifen. Das dagegen ist gewifs, dafs der Spagna schon früh noch andere Fortsetzungen folgten. In obgedachtem Codex der Bibliothek Albani selbst findet sich eine solche. Sie ist zwar ohne Titel; doch ergiebt sich bald, dafs sie „*la seconda Spagna*" hiefs: sie stellt den Kampf des von Carln in Spanien zurückgelassenen Königs wider Marsilio, der nur geflohen, nicht getödtet war, vor: sie enthält Abenteuer, von denen ausdrücklich gesagt wird, der Ruin grofser Reiche sei von ihnen hergekommen, und am Ende wird noch eine Fortsetzung unter dem Titel Nervonesi angekündigt. Diese findet sich nicht, und ich kann nicht beurtheilen was sie enthalten haben mag. Nur sind schon in der *seconda Spagna* grofse Abweichungen von den früheren Theilen dieses Werkes zu bemerken. Agolante, dessen Unternehmung und Tod einen so wesentlichen Punct der früheren Erzählung bilden, erscheint darin wiederum im Leben. Es kommen schlüpfrige Stellen vor, von denen die vorhergegangenen Bücher frei sind. Die zweite Spagna wird ausdrücklich als eine von einem gewissen Terroso verfafste Übersetzung aus dem Französischen bezeichnet; die erste war nur durch gar manche Vermittelung aus dem Französischen abgeleitet.

Wohl mag es ursprünglich ein nordfranzösisches Erzeugnifs sein (1). Der italienische Bearbeiter, der mit allem Ernst der Historie verfährt, der z.B. wenn der Fall von Risa auf den 15 März 733 gesetzt wird, aus seiner Kunde der Zeitrechnung anführt was sich dagegen erinnern lasse, erwähnt oft den französischen Turpin, und vergleicht ihn, etwa in der Spagna, mit dem in Reimen unter des nemlichen Turpins Namen vorhandenen Werke: er führt schon im Aspramonte die abweichenden Angaben burgundischer und französischer Bücher über den Tod Trojanos an: als ein Erfinder will er nicht gelten (2). Wie jedoch schon die Originalität des Ausdrucks eine durchgreifende italienische Bearbeitung verräth, so sollte man eine solche aus gar manchem einzelnen Zug schliefsen dürfen. Wenn z.B. die Lombarden die Desiderius nach Pampelona führt mit ihren Hacken und Spaten anfangs verlacht, aber darauf von dem ganzen Heer als die geschicktesten Menschen die es gebe, die in einem Monat mehr zu schaffen wissen als die Übrigen insgesammt in Jahren, anerkannt, wenn sie nachdem Pampelona hauptsächlich durch ihre Maschinen gefallen, mit dem Privilegium begnadigt werden dafs unter ihnen nie ein König sein, jeder Italiener aber das Recht haben solle, vor den Königen in Waffen zu erscheinen, so kann so viel Auszeichnung wohl nur italienischer Erfindung beigemessen werden. Auf jeden Fall war dies Werk in Italien aufserordentlich verbreitet. Der gedruckte Theil wird noch bis auf den heutigen Tag als ein Volksbuch gekauft. Die Gedichte Aspramonte und Spagna, welche allerdings von der ursprünglichen Erfindung der in Prosa mitgetheilten Sage nicht wenig abweichen, indefs doch im Ganzen auf dem nemlichen Grunde der Fabel beruhen, haben sich

(1) Ich gebe absichtlich auf diese Untersuchung, zu der sich jetzt so viel neuer Stoff gesammelt hat, nicht tiefer ein, da sie nach einer andern Seite hin, rückwärts in das Mittelalter und nach Frankreich führen würde, während mein Ziel diesseit in der neuern Zeit und in Italien liegt.

(2) In der Mitte des dreizehnten Jahrhunderts wurden Dinge wie sie die Reali enthalten, für Wahrheit genommen. Die Ritter und Herren von Frankreich hielten im Jahr 1248 dem Papst in einem berühmten Manifest vor, dafs Carl der Grofse und andere Helden Frankreich vom heidnischen Irrthum zum katholischen Glauben gebracht: — *clericorum superstitio, non attendens quod bellis et quorundam sanguine sub Carolo magno et aliis regnum Franciae de errore gentilium ad fidem catholicam sit conversum etc.* (*Matth. Paris Historia Anglic. ed. Wats.* p. 719) — es ist diese Sinnesweise, gibellinisch, für den Adel, in der unser Werk geschrieben ward.

in schlechten Drucken wenigstens bis in das vorige Jahrhundert unter dem Volke erhalten. Das Gedicht Buovo wird noch immer gedruckt. Kaum glaublich ist es, welch eine Zahl romantischer aus diesem Stoff hervorgegangener Gedichte in der ersten Hälfte des sechzehnten Jahrhunderts in Italien verfaſst worden sind: sie sind jetzt verschollen, jedoch die Bibliographien sind ihrer Titel voll.

Der Sinn, in dem dies Werk verfaſst worden, ist durchaus ernst, ja streng. Die höchste Idee bleibt immer das Christenthum: zwar nichts als ein historisches Annehmen biblischer Geschichten, aber in sich selbst ein Verdienst: von einem parteiischen, jedoch zugleich dem wahren Gott beschützt. Wer es verwirft, ist eben darum der Vertilgung würdig. Wie man Balda erobert hat, werden alle die welche das Christenthum nicht annehmen wollen, von der Schärfe des Schwertes getroffen: es waren ihrer siebzig Tausend, meldet der Autor ohne Bedauern. Es ist bemerkenswerth, daſs hiebei der Papst nicht gerade ein Gegenstand groſser Verehrung ist. Bald ist er von der einen, bald seiner Verwandtschaft gemäſs auch von der andern Partei; und ausdrücklich wird bemerkt, daſs der Calif bei den Saracenen mehr Ehre genieſse als der Papst bei den Christen. Es ist schlechterdings eine Religion der Waffen und der Herren, die man bekennt. Das von Gott zur Ausbreitung derselben bestimmte Geschlecht wird verherrlicht, der Papst spielt nur eine untergeordnete Rolle.

Die Charactere sind einander sehr ähnlich. Fiovo, Fioravante, Buovo, Carl, Orlando sind in der That immer dieselbe Erscheinung, nur in verschiedenen Zeiten. Auch die untergeordneten Personen gleichen den vornehmern: nur etwa in dem verständigen Namo und in Astolfo treten abweichende Gestalten auf. Der Hauptunterschied liegt in dem Alter: die Väter sind streng und jähzornig, die Söhne widersetzlich und kühn.

Auch in den Ereignissen wiederholt sich gar vieles. Alle diese jungen Helden, Fiovo, Fioravante, Buovo, Carl, Orlando, werden von ihrem Vaterhaus verjagt; in der Fremde wachsen sie auf oder gelangen zu Ruhm ([1]): mehr als einmal zeichnen sie sich bei der Vertheidigung belagerter Plätze aus: ihre Rückkehr, ihre Eroberungen sind einander sehr ähnlich. So wiederho-

([1]) Wesentlich die nemliche Fabel ward von Constantin selbst erzählt.

len sich in dem Heldenbuche von Iran, bei Ferdusi, die Situationen in denen Rustan erscheint, wesentlich bei jedem neuen Ereignifs.

In den Reali ist nicht recht was wir sonst Ritterthum nennen. Selbst bei dem edelsten Helden, dem ersten Paladin, wird die Untreue als Vergeltung einer erlittenen gebilligt. Jene verwickelten Liebesabenteuer, welche in andern Fabelkreisen das eigentlich belebende Element sind, finden wir hier nicht. Die Liebe tritt ein, doch höchst einfach. Sie geht immer von der Frau aus: sie ist allemal eine Nachwirkung grofser Thaten: sie wird in der Regel mit aufserordentlicher Treue und Keuschheit gehalten. Anstöfsige, schlüpfrige Stellen finden sich nicht: sie würden dem Sinne dieses Werkes widersprechen.

Hie und da tritt das den übrigen romantischen Gedichten so eigen angehörige Element des Zaubers ein; jedoch ist es sehr selten, und wenn etwa die Mutter Fioravantes ihrem Sohn einen Talisman gegen schädliche Getränke gibt, so erörtert der Autor erst noch worin er bestanden haben möge. Er bestreitet ausdrücklich dafs Orlando und Ferrau durch Zauber vor Wunden geschützt worden: in seinem Buche findet er nur dafs sie höchst vortreffliche Waffen gehabt. Malagigi gehört der Haimonssage an und findet sich in diesem Werke nicht.

Aufser der religiösen Idee und jener einfachen Frauenliebe werden die Menschen in diesem Buche durch eine freiwillige Unterordnung unter den Herrn und König, dem sie unverbrüchlich ergeben sind, durch die Freundschaft des Mannes zum Mann, die in dem Verhältnifs des Danese zu Carl, des Sansonetto zu Orlando auf eine sehr schöne Weise hervortritt, und jene unsichtbaren Bande welche die Familie auch getrennt verknüpfen, in eine geistige Bewegung gesetzt.

Die Darstellung ist vornehmlich in Zweikämpfen und Schlachten ausführlich und anschaulich. Das Anrücken der immer wohl gesonderten Schaaren, die Begebenheiten der verschiedenen Schlachttage, entscheidende Ereignisse, Waffen und Kriegswerkzeuge werden mit Liebe und Einsicht beschrieben. Der Verfasser, der eine schlechterdings historische Miene angenommen, wie er denn auch mit dem Ereignifs schliefst, mit welchem die Chronisten von Florenz und Venedig beginnen, verfehlt nicht ausführliche Reden in Schlacht und Rath einzuschalten.

Bei all seiner Einfachheit und obwohl selbst in einzelnen Theilen, in nahen Capiteln Widersprüche nicht vermieden werden, hat er doch das Gewebe mit Kunst und beherrschendem Verstand angelegt. Die Entwickelungen der Geschichten des Ottaviano, des Buovo, Gherardos da Fratta, vor allem der Spagna sind sehr wohl erfunden. Die in der letzten Katastrophe wirksamen Momente sind in dem Anfange des Werkes vorbereitet.

BEARBEITUNGEN IN VERSEN.

Hätte ein wahrer Dichter zur rechten Zeit diesen Stoff ergriffen und ihm die Form gegeben, welche doch am Ende allein einem geistigen Werke unvergängliche Dauer sichert, so hätte er ihn so berühmt machen können wie Ferdusi den seinigen.

Unser Werk und der ganze Fabelkreis der sich um dasselbe gebildet hatte, ward zunächst von Poeten bearbeitet die das Volk auf dem Markte zu vergnügen suchten. Den Zustand in dem solche sich befanden, läſst uns unter andern ein Florentiner, Altissimo, der gerade die Reali bearbeitet hat, sehr deutlich wahrnehmen (¹). Einmal indem er bekennt, daſs die Armuth ihn nöthige dies Gewerbe zu treiben, daſs er von der Börse seiner Zuhörer lebe; sodann wenn er diese bei dem Schluſs seiner Gesänge auf einen Tag den er nennt, etwa Dienstag oder Donnerstag, nach dem gewohnten Platz wiederbescheidet. Dies war, wie sich ergibt, ein freier Raum wo seine Freunde für ihn und die Zuhörer Bänke einrichteten. Hier war es wo er dem gemäſs was er in den Büchern geschrieben fand, wie er ausdrücklich sagt, improvisirte. Einen ähnlichen Zustand läſst Zenobi di Sostegno, welcher seinen ersten Versuch in Reimen an der Spagna machte, voraussetzen: vertraulich redet er die Herren und guten Leute an, welche gekommen ihm zuzuhören, empfängt sie mit Gebeten und entläſst sie mit guten Wünschen. In der That liegt ein solcher selbst der Ökonomie der romantischen Gedichte, den Einleitungen religiöser oder, wie sie schon Altissimo öffentlich versuchte, betrachtender Art, der Eintheilung in kurze Gesänge und andern Eigenthümlichkeiten zu Grunde. Etwas Analoges kann man noch gegenwärtig miterleben.

(¹) Ich bediente mich der Ausgabe Venedig 1534. *Incominciasi il primo canto de Reali del poeta Altissimo Fiorentino.*

Auf der Riva Schiavone zu Venedig sieht man alle Tage, ungefähr wenn Feierabend gemacht wird, gegen Ave Maria, und Sonntags etwas früher, den Raccontatore seine Zuhörer um sich sammeln. In einem etwas entfernten Kreise stehn sie um ihn her, drei, vier Personen hinter einander, Männer, Weiber und Kinder, ihn zu vernehmen. Wir hörten ihn die Fabel von den Haimonskindern und darauf die Geschichten Carls XII, nach den Tagen in Abschnitte vertheilt, vortragen, und wenn er es beklagte keine Gabe für die Poesie zu haben, so zeigte er doch für die Erzählung wahrhaft eine Ader. In der Mitte, wenn das Interesse gespannt ist, pflegt er inne zu halten, um seine Centesimi zu sammeln und sich etwa durch einen Trunk zu erquicken. Dann fährt er mit Behagen in seiner ganz lebhaften Darstellung fort, langsam, in wohltönenden Worten, auf- und abgehend, bis die Nacht anbricht.

Wohl mochte sich unter denen die den Stoff der romantischen Bücher auf ähnliche Weise ihrer Nazion überlieferten, manches grofse Talent finden; es mochte einige geben welche ihn poetisch zu durchdringen und wiederhervorzubringen fähig waren. Immer hatten sie es schwerer als die Volksdichter anderer Nazionen. Die Sage die sie behandelten, stammte nicht aus nazionalen Erinnerungen: sie war nicht einheimisch auf diesem Boden: aus fremden, anderswo erfundenen Büchern mufste sie herüber genommen werden: die Übung der Poesie selbst war an kein Fest, an keine Feierlichkeit geknüpft; persönliches Bedürfnifs war in der Regel ihr Ursprung. Gewifs ist, dafs die meisten Gedichte welche uns in dieser Gattung aufbehalten worden, von wenig Talent zeugen. Ich weifs nicht ob es dem Bearbeiter der Spagna selbst oder einer schlechteren Quelle der er folgte zuzuschreiben ist, dafs er anfangs die Vision die der Grund der Unternehmung ist wegläfst, und von weiter nichts wissen will als dafs Carl Spanien zu besitzen gewünscht habe; aber es ist deutlich, wie sehr sein Gegenstand hiedurch an höherem Interesse verliert. Die Reime des Buovo folgen, so weit ich sie verglichen, ihrer Urkunde sclavisch nach. Der beste ist noch der Altissimo, dessen Betrachtungen doch hie und da einen nachdenkenden Mann verrathen, viel aber will er freilich nicht sagen. Genug, der improvisatorischen Bearbeitung gelang es nicht diese Sagen zu irgend einem bedeutenden Gedicht durchzubilden.

In dem funfzehnten Jahrhundert geschah, dafs wahrere, mit der Bildung ihrer Zeit vertraute Dichter den nemlichen Stoff, der allmählig tief und tiefer in die Nazion eingedrungen, zu bearbeiten unternahmen. Sofort zeigte sich der merkwürdige Conflict, dessen Entwickelungen zu beschreiben unsere vornehmste Absicht ist.

Es ist wahr, noch war das Ritterthum nicht untergegangen, noch waren in den obern Ständen durch ganz Europa jene Gesinnungen welche das Lehenwesen gegründet und die Kreuzzüge hervorgebracht hatten, nicht verloschen; auch blühte die Kirche in allgemeiner Anerkennung; aber daneben waren doch auch ganz andere Lebensregungen erwacht. In Italien, wo man in den beiden gebildetsten Staaten Kaufleute zu Herren geworden sah, wo man alle Wissenschaften aus den Alten erlernte, wo mitten im Schoofs der Kirche eine Secte weit um sich gegriffen hatte, die sogar die Unsterblichkeit der Seele leugnete, konnten jene Sagen wenigstens von Denen die an Richtung und Bildung ihrer Zeit lebendigen Antheil nahmen, nicht mehr in dem Sinn vorgetragen werden in welchem sie erfunden waren: es war unmöglich, dafs jenes ritterliche, bewaffnete Christenthum ferner in dem idealen Licht erschien das ihm die Sagen gaben: die mit Gewalt eindringenden antiken Autoren mufsten einen Einflufs auf die Behandlung ausüben; genug man mufste die Sache schlechterdings anders angreifen.

Zu fassen wie dies geschah, wie die einander widersprechenden Elemente sich bekämpften, bis aus der Manier des Mittelalters die moderne hervorging, eben das ist unsere Aufgabe.

LUIGI PULCI

Es würde nicht gerathen sein, bei allen denen zu verweilen die man eben liest ohne etwas von ihnen sagen zu können, die nur eine nicht üble Erzählung in leidlichen Versen vor dem Leser vorüberführen; unser Augenmerk mufs sein diejenigen zu begreifen die an den Bestrebungen ihrer Epoche lebendigen Antheil nehmend etwas Neues vorzutragen, einen eigenen Weg zu betreten versuchten.

Luigi Pulci hängt auf der einen Seite noch sehr mit jenen bänkelsängerischen Volksdichtern zusammen deren wir gedacht. Einzelne Theile seines Werkes, wie die Abenteuer Morgantes und Marguttes, die Eroberung von Babylon, sind entweder zu seiner Zeit oder bald nach ihm als Volksgedichte verbreitet worden; die Beschreibung der Schlacht von Roncisvall in zwei Gesängen, aus seinem Werk entnommen, ist noch heute unter den neugedruckten Volksbüchern zu finden — eine Auszeichnung die so viel ich weiſs keinem seiner gebildeten Nachfolger zu Theil geworden. Auf der andern Seite aber hat doch dieser Tischgenoſs Lorenzos de Medici, Freund Agnolo Polizians, Tebaldeos und so vieler anderer von der Antike ergriffener Zeitgenossen eine ganz verschiedene Richtung in sich aufgenommen.

Dem allgemeinsten äuſseren Umriſs nach ist sein Gedicht einem Theile der Spagna entnommen. Es hebt mit dem Moment an daſs Orlando von Carl beleidigt ihn verläſst; es führt denselben, wie die Spagna, in das Lager jener beiden Könige von denen der Mächtigere mit Gewalt um die Tochter des andern freit: Babylon, von dem so viel die Rede ist, wird für eben jenes Lamecca erklärt von dem die Spagna handelt: den Amostante finden wir wieder: beide Werke endigen mit der Schlacht von Roncisvall. Wie Pulci aber hier schon an allen Stellen von seiner Urkunde abweicht, so verflicht er in diesen Umriſs tausend andere Sagen welche der Spagna fremd sind: die er bald aus den Haimonskindern — wie sich denn z. B. in Gefangenschaft, Gefahr und Rettung Astolfos eine Nachbildung der Abenteuer Ritsards mit Roland, Carl und Ryper nicht verkennen läſst — bald aus der Regina Ancroia, bald aus eigener Phantasie entnommen haben mag. Weder höhere Absicht aber, noch auch Einheit der Handlung kann ich in dem Gedichte Pulcis entdecken. Es war nicht seine Meinung jene groſse Sage gelten zu lassen auf welcher die Spagna beruht: den ganzen Hintergrund derselben läſst er fallen: nicht von der Belagerung von Pampelona, sondern von dem Hof zu Paris entfernt sich Orlando: Pulci ist zufrieden Abenteuer an Abenteuer zu reihen: der eigentliche Hebel aller seiner Geschichten ist der treulose Gan, der seine verrätherischen Anschläge unermüdlich, bis zur Ungeduld des Lesers — man verwundert sich daſs nicht auch des Dichters — wiederholt. So wird ihm die Schlacht von Roncisvall, wie trefflich er sie auch beschreibt, doch nur ein Abenteuer wie die andern, und die Ansicht der Welt aus welcher die Sage hervorgegangen, bleibt seinem Werke fremd.

Schon in dem ursprünglichen Gedicht spielen die Priester weder die wichtigste noch auch immer eine untadelhafte Rolle: und es ist wenigstens sonderbar, wenn z. B. im Aspramonte der Erzbischof Turpin den Augenblick wahrnimmt wo Gherardo Carln einige sonst unbedeutende Ehrenbezeigungen erweist, und sie sofort verzeichnet, um daraus für denselben eine Art von Anerkennung seiner Unterthänigkeit herzuleiten: nicht ohne die ausdrückliche Absicht sich für einige von Gherardo erlittene Beleidigungen zu rächen. Viel weiter aber geht Pulci. Man muſs sich erinnern daſs er sein Werk, welches bereits 1481 erschien, eben damals schrieb als sein Gönner Lorenzo Medici von einem unerbittlich-feindseligen Papst mit offener Gewalt und geheimen Anschlägen unaufhörlich angegriffen ward. Diesem Eindruck ist es wohl zuzuschreiben daſs er die Priester, in denen er nichts als Heuchler sieht, bald mit schneidendem Ernst, bald mit beiſsendem Spott verfolgt. „Er erschlug", spricht er, „mit dem Schwert, nicht mit dem Hirtenstab."

Dabei schreitet er zu den kühnsten und ernsthaftesten Fragen über die Religion fort. Er läſst den Zauberer Malagigi sich mit dem Geist den er zu seinem Dienste beruft, Astaroth, über die Geheimnisse der Dreieinigkeit, die Vorausbestimmung des Bösen und den freien Willen berathen: so unheimlich es einem dabei wird, so ist der Autor doch tiefsinnig, hie und da erhaben. Er liebt diese Dinge in die sonderbarsten Situationen zu verflechten. Eben dort wo er den Bajardo solche Sätze machen läſst, daſs Phaeton tiefer einhergeflogen sein muſs, daſs Juno für ihren Scepter fürchtet, läſst er eine Discussion beginnen nicht allein, was schon an sich merkwürdig ist, über die Stellung der Erde, frei unter den Gestirnen, und die andere Hemisphäre (1), sondern auch über den Ursprung der Menschen und ihre Seligkeit durch Christum. Wenn er hier die ausschlieſsende Wahrheit des Christenthums und die Heiligkeit christlicher Gesetze anerkennt, so trägt er doch kein Bedenken hinzuzufügen, der dürfe nicht verzagen wer sein eigenes Gesetz redlich halte, in allem Volke: die Gesinnung sei es welche verdamme und rette (2).

---

(1) *E puossi andar giù all'altro emisperio —*
Sì che la terra per divin misterio
Sospesa sta fra le stelle sublime. — (c. XXV.)

Auch XXIV f. 139 heiſst es beim Eintritt der Nacht: *Ma il sol l'altro emisperio facea bello.* Pulci nimmt an, daſs die andere Hemisphäre bewohnt sei: es gebe auch da Belagerungen und Feldschlachten u. s. w.

(2) *La mente è quella che vi salva e danna,*
Se la troppa ignorantia non m'inganna.

Leicht nimmt man wahr daſs Pulci sich in Scherzen gefällt. Ich möchte jedoch darum nicht sagen daſs er sein Gedicht auf Satyre angelegt habe. Ernst und Burleske hatten sich noch nicht in besondere Gattungen getrennt. In allen romantischen Gedichten, von wem sie auch sind, finden wir Scherz und Zweideutigkeiten: dies gehört zu ihrem Wesen; und es mag von ihrer ursprünglichen Bestimmung ein nicht eben gewähltes Publicum zu unterhalten herrühren. Eben so gehört es zu ihrer herkömmlichen Manier daſs die Gesänge mit einem Anfangsgebete eingeleitet werden. Pulci scherzt viel und oft; wenn er darum dennoch die Anfangsgebete, die er nicht erfunden haben würde, beibehält, Gebete, in denen oft reine Frömmigkeit athmet und keine Spur von Schelmerei zu finden ist, so kann ich mich nicht überreden daſs dies für Satyre oder Blasphemie zu halten sei. Ich glaube ihm wenn er sagt: „ich bin nicht so sehr ein Satyr wie ich danach aussehe." (1)

Allerdings stellt Pulci das Ritterthum mit einer gewissen Ironie dar. Die Liebschaften Oliviers und Rinalds, die Schwachheiten Carls des Groſsen, die Gesellschaft des Helden mit dem wunderlichen Riesen von dem das Werk den Namen hat, streifen an das Lächerliche. Aber selbst dieser Riese, obwohl er so groſs ist wie ein Mastbaum und so stark daſs er einen Thurm der Mauer umwirft „besser als es ein Erdbeben vermocht hätte", wird durch seine freiwillige Unterordnung unter Orlando, vor dem er niederkniet, den er nicht verlassen will, aus einem Ungeheuer zu einem Menschen. Und wie so durchaus edel, mild und groſs ist Orlando! Er läſst sich nicht einmal durch die Liebe verführen: nach den unzähligen Beleidigungen Carls des Groſsen ist er dennoch mit dessen Rettung durch Alda wohl zufrieden: dem zu Gutem oder Bösem leicht entflammten Rinald steht er mit dem Gegensatz einer starken und festen Gesinnung trefflich gegenüber.

Endlich ist es wohl an dem, daſs religiöse und kirchliche Dinge tausendfältigen Spott erfahren; aber dagegen werden doch die tiefern, namentlich speculativen Fragen mit unleugbarem Ernst vorgenommen.

---

(1) Ich wüſste mit Pulci nichts zu vergleichen als etwa den Orfeo seines Freundes Polizian, eine wilde Skizze, in der Orpheus lateinische Verse machend, gutmüthige Hirten, rasende Bacchantinnen, Tod, Wiederbelebung und neuer Tod flüchtig vorübergeführt werden, in der es zuweilen auch ist als sei alles Scherz und Ironie. Der Orfeo verhält sich zum Aminta Tassos wie der Morgante zur Gerusalemme.

Mit Einem Wort, das Gedicht Pulcis drückt den Zustand jener Tage aus. Noch waren die Ideen des ritterlichen Christenthums nicht aus den Gemüthern verschwunden; aber sie beherrschten dieselben doch auch nicht mehr so ausschliefslich wie früher. Schon waren entgegengesetzte Richtungen emporgekommen, die den alten Kreis der Gedanken wie im Leben so in der Poesie auf allen Seiten durchbrachen.

Einer der wichtigsten Momente liegt in dem erneuten Studium des classischen Alterthums, und es ist sehr bemerkenswerth wie Pulci sich dazu verhält.

Die Erinnerungen aus dem Alterthum erscheinen zuweilen ein wenig zaghaft: „ich weifs nicht" sagt er „ob du von Nessus gehört hast"; — „wer war doch Der welcher der Eurydice nachfolgte?" oft aber sehr speciel. Auf dem Zelte der Luciana sieht man die Ceres nach der Proserpina suchen; der Pyramiden, der Zwölffürsten und des Mycerinus, des Sees des Moeris, des Triumphes den Camillus hielt, gedenkt Pulci: er bemerkt wie Pericles die Athenienser in Trauer gekleidet habe, er führt sogar an was Thraso irgendwo dem Gnatho sage. In der That aber thut er dies nur wie es ihm die Laune und der Zufall der Erinnerung eingibt. Er ist voll auch von allerlei anderer Gelehrsamkeit: er begnügt sich nicht, Ausdrücke des Dante zu wiederholen oder den Petrarca namentlich anzuführen; er commentirt Stellen der Bibel und citirt den Origenes. Auf seine Form hatten die Alten, so viel ich urtheilen kann, keinen wesentlichen Einflufs. Turpin gilt ihm in dieser Hinsicht so viel wie Horaz. Die Anmuthung dafs er den Alten beizukommen strebe, wie so viele seiner Freunde sich befleifsigten, wehrt er ausdrücklich ab. „Ich fordere keinen Lorbeerzweig wie Griechen und Römer: es werden Andere kommen, mit anderem Styl, besserer Zitter, vorzüglichere Meister: ich halte mich in dem Gehölz bei den Buchen auf, bei dem Landvolk: die Hülfe des Parnafs habe ich nie begehrt." (1) Alle seine antiken Studien helfen ihm nur dazu, in das einfache Gewebe das ihm die Sage darbot, neue bunte Fäden einzuschlagen.

---

(1) *Infino a qui l'ajuto del Parnaso*
Non ho chiesto nè chieggo: — —
Io mi starò tra faggi e tra bifulci,
Che non dispressin le muse di Pulci.

Oft verräth er eine natürliche Neigung zu Gewirr und Getümmel. Wo er die Pracht des Thierreiches schildern will, stellt er mehr das Geflatter und Gezappel einer Menagerie vor: mit ermüdender Weitläuftigkeit beschreibt er Fische und Vögel vor Lucianens Zelt. So bedient er sich selbst der Fabeln des Alterthums. Die Beispiele glücklicher und unglücklicher Liebe häuft er in sieben Strophen zusammen, nur um zu sagen, sie würden nicht Statt gefunden haben wenn Antea in jenem Jahrhundert gelebt hätte. Nur allzusehr gefällt er sich in dem Gemeinen und Widerwärtigen. Er kann nicht fertig werden den Margutte seine Ruchlosigkeiten aufzählen zu lassen; mit einer Art von Wohlgefallen mahlt er aus, wie Astolfo zum Galgen geschleppt wird.

Die gewohnten oder natürlichen Regeln der Composition vernachlässigt er dergestalt, dafs er den 16ten Gesang mitten in einer Rede Rinaldos mit den Worten „Walter, ich nehme dich zu meinem guten Bruder an" abbricht, sein Schlufswort und das Anfangsgebet des 17ten Gesanges einschiebt, und alsdann fortfährt: „Wisse, ich bin derjenige —". Selbst wo er ernsthaft ist, beliebt es ihm zuweilen die Verse ganzer Strophen immer mit denselben Worten anzufangen. Einmal fängt er in drei Strophen hintereinander in der ersten jeden Vers mit *Odi Rinaldo*, in der zweiten mit *Parti chel tempo*, in der dritten mit *A questo modo* an. Er scherzt selber mit seiner Arbeit. Der Reim ist oft gezwungen: die Sprache voll Härten. Von dem, was man Vollendung oder Correctheit der Form nennt, hat Pulci keine Ahndung, weder eine bewufste noch eine unbewufste.

Und dennoch ist er ein Dichter von entschiedenem Talent. Nehmen wir uns nur einmal die Mühe, an irgend einer Stelle den Stoff der ihm vorlag, mit seiner Arbeit zu vergleichen.

Wir bemerkten z. B. dafs er den Roman Spagna, in dem wir den letz-Theil der Reali erkennen, in dem ganzen Endabschnitt seines Werkes vor Augen hatte: auch dort wo die grofse Verrätherei Gans ins Werk gesetzt wird, folgt er diesem Roman Schritt vor Schritt nach. Gan läfst bei Pulci wie in der Handschrift seine Gesinnung den Saracenen merken der ihn nach Saragossa begleitet, und dieser thut davon hier wie dort dem Marsilio Meldung. Beide beschreiben wie dem Gan hierauf aufserordentliche Ehre wiederfahren sei: sie theilen die Rede die er öffentlich gehalten habe um Frieden zwischen Marsilio und Carl zu schliefsen, und seine geheimen

Bedenken mit: sie verlegen beide den Abschluſs in den Garten Marsilios an eine schöne Quelle, und gedenken des Ungewitters das den Zorn des Himmels hierüber angezeigt habe. Indem sie aber durchaus übereinzustimmen scheinen, treten doch die bedeutendsten Abweichungen hervor.

In dem Roman entdeckt Gan seinem Begleiter den Verrath den er vorhat, zwar nach und nach und in langsam reifendem Gespräch, aber er entdeckt ihn und sie werden eines Anschlages einig. Pulci wollte das Interesse nicht so von vorn herein wegnehmen. Bei ihm sagt Gan wenige Worte, aber voll Bedeutung: der Begleiter ahnet, aber er weiſs nicht: Marsilio hofft, aber er bleibt ungewiſs: man widmet der Rede Gan's, die aus der wilden und etwas linkischen Drohung welche die Prosa enthält zu einem sehr vernünftigen und geschickten Vortrag gemildert wird, denn was könnte es helfen den Verräther auch nur in einer erheuchelten Leidenschaft zu zeigen? erwartende Aufmerksamkeit; erst in dem Garten an den Brunnen — eine Scene, die, so wohl erfunden sie ist, doch in dem Roman keine Wirkung macht, weil man da nur dasjenige bestätigen sieht was voraus beschlossen war — kommt Marsilio bei Pulci mit wohlabgemessener Rede dem Verräther bei: der Zug daſs der pfiffige Gan hiebei in das Wasser sieht um an den Mienen Marsilios, die sich da spiegeln, zu beobachten ob er es ernstlich meint, gehört dem Florentiner an; auf diese Stelle sammelt er sein Interesse: hier läſst er den entscheidenden Anschlag fassen. Der Roman ist allenthalben langweiliger und weitläufiger: das Gedicht geht rasch auf das Ziel los, sammelt die Entscheidung auf Einen Punct, und ist dramatisch. Den Streit zwischen Pflicht, Furcht und Rachsucht in Gan, den der Roman mit Liebe ausmahlt, vermindert Pulci zu einer leicht überwundenen Anwandelung von Zweifeln: sein Verräther ist geheimniſsvoller und entschlossener und mithin ein besserer Verräther.

Wie sehr bleibt hier Sostegno de Zenobi, der die Spagna ebenfalls zu Grunde legte, hinter Pulci zurück. Ohne alle weitere Umstände läſst er Gan mit seinem Begleiter des verrätherischen Anschlages übereinkommen: er kürzt alles ab: und nur die Schmähungen jener ungehörigen, in dem Roman allein durch das Herkommen zu entschuldigenden Rede führt er mit Behagen aus. Er will seinem schlechten Publicum gefallen; dem Stoff seine innere Bedeutung abzugewinnen ist er weit entfernt. Pulci aber beherrscht diesen Stoff meisterlich und verknüpft die Fäden der Erzählung zur Einheit.

Er thut dies aber nur in den einzelnen Abschnitten seines Gedichtes, nicht im Ganzen. Er hat das den Italienern so besonders eigenthümliche Talent der Novelle, der leichten Erzählung, worin sie, wie mich dünkt, eben so unvergleichlich sind wie die Franzosen in den Memoiren. In der Zusammensetzung des Ganzen dagegen kann ich keinen durchbildenden Geist entdecken: diese ist vielmehr höchst sonderbar. So viele ritterliche und verliebte Abenteuer, Groſsthaten und Verräthereien, langdauernde Zweikämpfe und rasche Bekehrungen, tiefsinnige Betrachtungen und abgeschmackte Schnurren, Lobgesänge und anstöſsige Reden, sinnige, schöne Sprüche ([1]) und schlechte Florentiner Späſse, alles durch einander. Ja der Autor gefällt sich darin das Entgegengesetzte unmittelbar zusammenzustellen, die schönsten Scenen mit dem Wildgrotesken abwechseln zu lassen.

Auf die innige und glücklich ausgeführte Erkennung zwischen Roland und Rinald folgt die burleske Beschreibung wie Morgante zwei Helden mit dem Zelt worin sie sich befinden zusammenpackt, sie auf die eine Schulter nimmt, und den Glockenklöpfel in der andern Hand sich Weg durch das Heer bahnt; und hieran wieder schlieſst sich der Kampf Medianas mit Manfredon, wo sie, bisher wild und kriegerisch, von der Liebe, die sie nicht erwiedert, dennoch gerührt wird, den Manfredon, der den Tod sucht, nicht tödten mag, sondern ihn zu freiwilligem Rückzug bewegt und ihm einen Edelstein zum Geschenk gibt: eine wohlerfundene und gelungene Scene.

Pulci schildert, wie Morgante in der Schlacht Köpfe, Arme, Schultern und Hände um sich her fliegen macht: immer steht und hämmert und die Saracenen wie Hunde erschlägt: wie er die Fliege verscheucht, aber die Wange mitnimmt: den Schmutz wegschafft, aber zugleich das woran er sich befindet: diese wilden und widerlichen Beschreibungen, die ich nicht weiter wiederholen mag, wechseln unmittelbar mit dem zärtlichen Abschied ab den die Übriggebliebenen von den Getödteten nehmen, wie da Mancher seinem

---

([1]) Z. B. *Benchè a molti huom serve senza frutto,*
Per mille ingrati un sol ristora il tutto.

Gentile alma volentier perdona.

Commetti al savio e lascia far a lui.

E disse: Iddio non si potè guardare
Di traditori, però chi può guardarsi?

Sohn, seinem Schwager den Helm auflöst, ihn mit herzlicher Rührung küſst und ohne ihn nach Haus zurückkehren zu müssen beklagt. Beides ist mit gleicher Liebe ausgemahlt. Es stöſst um so greller an einander, da die Darstellung Pulcis, ganz naiv, sinnlich, handgreiflich wie sie ist, sich eng an die Gegenstände anschlieſst und sie ohne alle Vermittlung der Reflexion in scharfen Umrissen heraushebt.

In den letzten Büchern seines Gedichtes, wo sich ihm, wie er treffend sagt, die Comödie die er schreiben wollte, unter der Hand in eine Tragödie verwandelt, läſst er zwar von seinen bizarren Phantasien nicht ganz ab: nachdem z. B. der Erzbischof Turpin dem Volke seine Sünden vergeben, worauf Einer deñ Andern umarmt und sie der Fahne zum Tode folgen, läſst er ihn selbst die Waffen ergreifen und „springen wie ein Bock"; allein im Ganzen erhebt sich seine Muse: die Ankunft Rinalds in der Schlacht, der Tod Balduins, der, um jeden Verdacht zu vernichten als habe er an dem Verrathe Gan's seines Vaters Antheil, die Waffen die ihn schützen selber wegwirft, und sich in das offene Verderben stürzt, das Ende Oliviers und die letzten Momente Orlandos gehören zu den schönsten Stellen die jemals gedichtet worden sind.

Dies Werk hat demnach eben so wenig Einheit der Stimmung, der Gesinnung oder des Eindrucks, als der Handlung. Es ist etwas Wildes und Chaotisches darin. Die Elemente die in dem Zeitalter kämpfend liegen, sind in all ihren Gegensätzen auch in dem Gedichte vorhanden. Pulci ist einer der genialsten, geistreichsten Menschen die jemals Verse gemacht haben, obwohl sein Werk von aller Vollendung weit entfernt ist.

MATTEO MARIA BOJARDO.

Vielleicht war auch Florenz mehr der Ort eine bürgerliche Geschichte als ein Rittergedicht zu Stande zu bringen. Man hat sich zwar dort viel damit beschäftigt. Luca, wie Luigi Pulci, jener Cristofano der sich Altissimo nannte, der schon erwähnte Sostegno di Zenobi, Ettore di Lionello di Francesco Baldovinetti, dessen *Rinaldo appassionato* 1528 gedruckt ward, waren Florentiner, und gar mancher Andere, dessen Werke uns anonym überliefert worden, mag diesem Vaterlande der Litteratur angehört haben. Mit den Erfolgen der Ferraresen in dieser Gattung kann sich jedoch Florenz nicht messen.

In Ferrara, an dem ritterlichen Hofe Ercoles I, der mit Neapel und Mailand und durch diese mit allem was es in Europa Glänzendes gab, in Verbindung stand, war Graf Matteo Maria Bojardo einer der ausgezeichnetsten Männer. Sein Geschlecht war dem Haus Este immer sehr ergeben gewesen: einer seiner Ahnherrn z. B. hatte sein Schlofs Rubiera, weil es zur Eroberung von Reggio nöthig war, diesen Fürsten überlassen. Matteo selbst war Governator von Reggio: er führte seinem Herrn die Gemahlin, Eleonore von Aragon, in allem Luxus jener Zeit, mit einem Gefolge von 1500 Personen zu. Der Herzog nennt ihn seinen sehr getreuen und sehr geliebten Cameraden (1). Nun war aber auch in dem ritterlichsten Adel des damaligen Italiens ein der Richtung des Jahrhunderts auf Studien, Poesie und Kunst zugewandtes litterarisches Bestreben. Für eben diesen seinen Herrn übersetzte Graf Matteo den Herodot und die Kaiserchronik des Ricobaldo von Ferrara (2) ins Italienische. Zu dem Ergötzen des Hofes dichtete er — er sagt es selbst — das Werk von dem wir hier zu reden haben, den *Orlando innamorato.*

In diesem Werke wich Bojardo von der ursprünglichen Rolandssage auf der einen Seite mehr, auf der andern weniger ab als Pulci. Weniger: indem er die Vertheidigung der Christenheit gegen einen grofsen Angriff, der überdies, da er zur Rache Trojanos welchen Orlando tödtete unternommen wird, mit der alten Sage zusammenhängt, zu schildern unternahm: hiedurch bekam sein Gedicht eine dieser Sage entsprechende Haltung. Mehr aber, indem er den Sinn der Fabel durch Hinzufügung neuer Bestandtheile wesentlich veränderte.

Als die Buchdruckerkunst erfunden war, gingen den alten Autoren zur Seite auch die romantischen Bücher aus den Pressen hervor: auch sie gaben dem Zeitalter eine frische Anregung: die Erzählungen von Artus und der Tafelrunde, welche zu Paris gedruckt wurden, fanden ein ausgebreitetes Publicum (3), und auch Bojardo ward von ihnen ergriffen. Man hat zuwei-

---

(1) *Consocium nostrum fidelissimum et dilectissimum.*

(2) Ein Buch, wie Bojardo sagt, *ripieno di magnanimi gesti.* Bei Barotti: *degli illustri Ferraresi* I, p. 59 findet man unter andern einen Beweis, dafs Bojardo die Chronik nicht verfälscht habe, wie Muratori ihm vorgeworfen.

(3) Z. B. findet sich in einem Memorienbuch unsers Maximilian: „Item der Kunig sol

len vermuthet, er habe die Feerie seines Gedichtes aus orientalischen Quellen, vielleicht aus Tausend und Einer Nacht entlehnt, vielleicht arabisch gekonnt, und was dem mehr ist. Diejenigen Phantasien wenigstens bei deren Erwähnung man dies vermuthet hat, von dem Garten der Morgana, dem Kampfe mit dem Drachen vor dem Eintritt in denselben, der Befreiung der festgehaltenen Ritter — wie sie sich ähnlich in Alcine und Armide wiederholen — sind aus *Lancelot du Lac* genommen, und Orlando spielt nur die Rolle des Lancelot. Wenn demnach Bojardo schon hier die Romane von der Tafelrunde benutzte, so war doch seine Intention noch gröſser und allgemeiner. Hören wir ihn selbst, um den Gang seiner poetischen Betrachtung zu bemerken. „Sehr berühmt", sagt er, „war der Hof des Artus: in vielen Schlachten zeigten die Ritter ihre Tapferkeit, und mit ihren Damen gingen sie auf Abenteuer: ihr Ruhm dauert noch. Dann hielt König Carl in Frankreich groſsen Hof; doch kam dieser dem ersten nicht gleich, ob er wohl stark und tapfer war, Roland und Rinald besaſs: denn er hielt der Liebe das Thor verschlossen und widmete sich allein den heiligen Schlachten." Er zeigt sich begeistert so oft er der Sagen der Tafelrunde gedenkt. „Wer ist", ruft er einmal aus, „der wenn er von Tristan und seiner Dame hört, nicht sie zu lieben bewogen wird? Ihr Ende glücklich: Gesicht an Gesicht, Hand in Hand, das Herz eng an dem Herzen, in so schöner Vereinigung blieben sie in Einem Augenblicke todt." Er ist entzückt über die Seelenstärke die Lancelot und seine Königin für einander zeigten. Bojardo fand nun, daſs jedem dieser Fabelkreise etwas mangele: dem einen der groſse und unmittelbar wirksame Gegenstand, dem andern die Bewegung wo nicht der Liebe, doch der Courtoisie. So entsprang in ihm die Idee, die Eigenthümlichkeiten beider mit einander zu vereinigen. Er behielt die Paladine und die Natur ihrer Kämpfe im Groſsen bei, aber ihren Waffen fügte er das andere Element hinzu. Dies ist der Grund weshalb er die von Turpin, wie er scherzhaft sagt, verborgen gehaltene Geschichte von dem verliebten Roland zum Vorschein brachte. Er sagt es ganz ausdrücklich. In jener Stelle, wo

---

suchen den Risen in Kunig Arthos Chroniken, der mit Kunig Arthos gefochten hat und aus Britani gewesen ist". In dem romanischen Europa breiteten sich besonders die Pariser Drucke von 1480 - 1520 aus. Es war die damalige französische Literatur der vornehmen ritterlichen Welt.

er Artus und Carls Hof vergleicht, schliefst er: „Liebe ist es die den Sieg verschafft und dem bewaffneten Ritter Kühnheit giebt; deshalb gefällt es mir die Geschichte die ich angefangen habe, von dem verliebten Roland, weiter zu erzählen." ([1])

Dergestalt entspringen ihm die Hauptbestandtheile seines Werkes: Waffen, Liebe und Zauberei. Zugleich sehen wir die beiden grofsen Fabeln desselben, von denen die eine die Gefahr Frankreichs, die andere die Person Orlandos angeht, in ihrem Entstehn.

Löst man sich das Gewebe dieses Gedichtes weiter auf, so ist unter andern auch antike Fabel, und zwar nicht, wie bei Pulci, in flüchtiger Anspielung sondern in eigentlicher Ausführung, zu unterscheiden. Bojardo, der den Herodot und Apulejus übersetzte, verräth schon in der Wahl dieser Autoren ein Wohlgefallen vornehmlich an der Mannigfaltigkeit vergnüglicher Erzählungen des Alterthums. Gar manches Wunder der Mythologie und fabelhaften Geschichte hat er nun auch in sein Gedicht verwebt. Es ist wohl sehr wahrscheinlich dafs der unsichtbar machende Ring der Angelica dem Ringe des Gyges seinen Ursprung verdankt. Wir finden eine Sphinx mit ihrem Räthsel: einen Polyphem, der denn auch eins von seinen Opfern schont: selbst in dem Namen der Circella erkennen wir die Circe, und die Geschichte des Narciss wird ausführlich wiederholt. — Vielleicht hat die Nachahmung des Alterthums auch an der grofsen Zusammensetzung dieses Werkes Antheil. Denn obgleich die Fabel von Ruggiero, dem Sohne Ruggieros von Risa und Ghaliziellas, die bereits der Bearbeiter des Aspramonte kannte, unfehlbar älter ist als Bojardo, so ist doch der Bezug dieses Helden auf das Haus Este, es sind die Weissagungen, die sich daran knüpfen, von eben diesem Geschlecht, welches alle Tapferkeit, Güte und gute Sitte bewahren, bei dem Liebe, Ruhm, Tugend und glücklicher Zustand blühen werde, ohne Zweifel ähnlichen Beziehungen der alten Sagen auf die neueste Zeit in den lateinischen Dichtern nachgebildet. Übrigens bildet die Erzählung von Ruggiero die dritte Hauptfabel des Werkes.

([1]) *Libro II, canto XVII.* Bezeichnend hiefür ist auch folgende Stelle (III, 5):

Però diversamente il mio verziero,
Di amore, di bataglia ho già piantato:
Piace la guerra a lo animo più fiero,
Lo amore al cuor gentile e delicato.

Allerdings besteht dieses hienach aus Elementen verschiedenen Ursprungs; dennoch ist es ganz wie aus Einem Gusse. Wir haben einen Poeten vor uns der selber lebhaft von alle dem ergriffen ist was in dem Ritterthum schön und ehrenwerth und rühmlich war. Unweit von Scandiano lag ihm ein altes Bergschlofs Torricella, fern von der Strafse, ewig einsam, mitten im Gehölz: wohin er sich während der heifsen Monate zurückzog: hier oder in Gesso, einer andern seiner Besitzungen, auf einer Anhöhe gelegen, mit weiter freier Aussicht, dichtete er sein Werk (¹). Zur Ergötzung derjenigen Gefährten, die, wie er sagt, wenn sie gleich den Krieg lieben, ihn doch nicht aus Rachsucht und Wuth führen, schrieb er es, um die Ehre der alten Ritter zu erneuen, die jedes furchtbare Ding in der Welt unterwarfen. Er war um so mehr mit ganzer Seele dabei, da er sich überredete dafs die Übung ritterlicher Tugenden, eine Weile unterlassen, sich zu seiner Zeit wieder erneue. Jenes üble Wetter, sagt er, jener Winter sei vorüber: die Welt beginne aufs neue sich mit der Blüthe der Tugend zu schmücken (²).

Sehr wohl gelang es ihm, die einförmigen Charactere welche ihm die alte Fabel, zufrieden Richtung des Gemüthes und Stimmung auszudrücken, in wenig grofsen Zügen überlieferte, zu der Wahrheit durchzuarbeiten die sein bewegteres Gedicht forderte.

Welch ein anderer Rinald ist der seine als jener wilde und entsetzliche Haimonssohn! Der Rinald Bojardos, nicht allemal der stärkste, aber der Fechtkunst Meister, fest auf seinem Rofs, immer mit offenen Augen, ein edler Jüngling voll von Thatenlust. Wie ihm Carl das Heer anvertraut, bringt ihm freudige Hoffnung die Thränen in die Augen, und er dankt mit angemessener, fast ablehnender Bescheidenheit.

Ihm gegenüber Rodomont, der nicht weifs ob es einen Gott giebt, denn niemand hat ihn gesehen: sein gutes Schwert, sein Kriegsrofs, der Muth den er hat, die sind sein Gott. Von den Gebräuchen der Ritterschaft will er nichts wissen. Er fügt dem Feind so viel Böses als möglich zu. Jedoch seinem König ist er unterthan.

(¹) *Vallisneri Lettera intorno del conte M. M. Bojardo. Calogera Raccolta* III 351 - 376.

(²) *Hora è il mal vento e quel verno complito*
E torna il mondo di virtù fiorito.

Aus der Spagna ist Astolf, der sich seine Unfälle nicht übel nimmt, die Achseln zuckt und sich zu entschuldigen weiſs, weiter ausgebildet.

Es folgen der treue Brandimarte, der nicht hört daſs Orlando weggegangen ohne auch zu gehn, an dem der Dichter das Glück der Freundschaft schildert, das unbeschreibliche Vergnügen mit einem Andern sprechen zu können wie mit sich selber (1): Fiordelisa, die, so jung und schön und feurig sie auch ist, doch einen Verstand zeigt in welchem etwas Göttliches liegt: Bradamante, ganz Jugend, Kraft und Unschuld: und neben ihnen die bittere Marfise, die auf ihre Unbesieglichkeit trotzend noch gen Himmel zu kommen, den Mahomet zu erschlagen und das Paradies zu verbrennen droht: der winzige Brunell, der sich vermiſst dem Himmel den Mond, der Glocke den Ton und der Christenheit den Papst zu stehlen.

Unter ihnen Orlando, wohl der Held des Werkes, jedoch darum lange nicht Ideal. Ich möchte nicht sagen daſs er ohne Ironie gedichtet sei. Er ist gar leicht zu betrügen und unschwer verliebt. Dem boshaften Griechen glaubt er auf sein Wort und dankt ihm dazu. Er geht getrost nach einem Stein von dem ihm gesagt worden man könne da die Hölle sehen. Die Angelica begleitet er von dem äuſsersten Asien bis nach Frankreich so sittsam daſs er in seiner Liebe nicht vorwärts kommt, und doch macht die verrätherische Origille auf ihn Eindruck. So streift er hart an das Komische, Lächerliche; er hat einen Zug von Don Quixote: aber er streift nur daran: dieser Zug ist leise und gutmüthig, mehr angedeutet als ausgeführt: bei weitem stärker ist doch das ernste Element: Orlando ist voll edler Einfalt, freudiger Courtoisie, Hingebung und Frömmigkeit (2), im Ganzen groſsartig.

Man verzeihe wenn wir diese Gestalten zu ergreifen suchen, die allerdings nur in der Phantasie eines Poeten lebten. Es kommt uns hier auf seine Eigenthümlichkeit an, die Charactere nicht allein im allgemeinen Umriſs, sondern mit den leiseren Zügen darzustellen, die erst eigentlich wahr sind.

---

(1) *Potendo palesar l'un a l'altro il core*
E ogni dubio che accade raro o spesso
Poterlo ad altrui dir come a se stesso. (III VI.)

(2) Z. B. in dem schönen Gespräch mit Agrican vor ihrem Kampfe, I XIX. Agrican fällt:
O quanto al conte ne rincresce e dole.

Allein zu weit würden wir gehn wenn wir, nach Bezeichnung der Hauptmomente der Fabel und der Charactere, die Entwickelung der Ereignisse vor Augen stellen wollten. Wenige Gedichte werden von eigenen sinnreichen Erfindungen, reizenden Situationen, wohlersonnenen Verwickelungen so voll sein. Man wandelt in diesem Gedicht einen wundervoll verschlungenen Pfad zwischen den seltsamsten lebendigsten Abenteuern, immer neu, immer reizend. Man erwarte aber nicht lauter Tugend und Schönheit, Seelengröſse und Gemüth. Derbe Sinnlichkeit tritt in dem naiven Ausdruck ganz unverhüllt hervor und es finden sich anstöſsige Scherze. Jedoch sollten wohl fromme Betrachtungen erheuchelt sein weil sie Schalkhaftigkeit, die Courtoisie falsch weil sie Sinnlichkeit, und Tapferkeit unecht weil sie Wildheit zur Begleiterin hat? Dieses sonderbare Nebeneinander bildet eben das Gewebe wie des Lebens so denn auch des Gedichtes. Und keinesweges werden wir hier durch grelle Gegensätze gestört. Über diesem Werke breitet sich eine poetische Stimmung aus, die wie sie den Dichter belebte so sich auch dem Leser mittheilt und über alle Schwierigkeiten hinweghilft.

Vorzüglich merkwürdig ist es in dieser Hinsicht, wie Bojardo die Mythen des Alterthums behandelt. Nicht so ganz und gar wie er sie findet nimmt er sie an. Seine Sphinx z. B. ist nicht mehr die thebanische: sie antwortet erst auf die fremde Frage ehe sie die eigene vorlegt; und ich finde es artig und neu daſs sie wie Orlando auf sie zukommt, Schlangenschweif und Greifenklauen verbirgt und dagegen die Pfauenflügel ausbreitet. Jener Polyphem schont seinen Mann nur darum weil er sich an dem Magern hungrig zu essen fürchtet, der Dichter verflicht ihn darauf in seine abenteuerlichsten Begebenheiten. Circella wird von der Liebe zu einem Ritter betrogen und trinkt selbst von ihrem Zaubertrank. Das Grab des Narciſs umgiebt der Poet mit Liebe und Zauberei. Amor ist bei ihm ein nackter Jüngling der unter den Grazien tanzt, und reizend wird die Rache geschildert die er nimmt.

Zuweilen scheint es wohl als wolle Bojardo einem antiken Original genauer folgen: dort wo Orlando wie Cadmus die Zähne des Drachen säet den er erlegt hat, entstehn die Kriegsleute aus dieser Saat ziemlich wie bei Ovid, indem erst ihre bunten Helmbüsche, darauf Helm und Brust aus der Erde hervorgehn: aber gar bald verläſst er die Fabel und ihren Erzähler: die Kriegsleute, die sich, wie man sich erinnert, unter einander selbst tödten sollten, erheben sich hier sämtlich mit Kriegsgeschrei wider Orlando, der sich nicht wundert daſs Übel erntet wer Böses säet, den Bajardo, den er damals reitet, besteigt, die Durindana schwingt, und diese Sparten sämtlich erlegt. — Auf ähnliche Weise nahm das frühere Mittelalter selbst die Mythe des Alterthums auf. Genährt von den romantischen Phantasien dichtet Bojardo die antiken Fabeln in ihren Geist ein.

Er ist ein Dichter der so zu sagen daran glaubt was er besingt und ganz darin lebt: dichtend vergnügte er sich, so lange Welt und Stimmung es gestatteten.

Schon am Ende des zweiten Buches aber klagt er, es helfe ihm nicht mehr alle seine Gedanken dem Gedichte zu widmen. Italien sei von Wehklagen erfüllt; er athme kaum, wie solle er singen? (1) Die allgemeinen Angelegenheiten stören die Harmlosigkeit seines Lebens.

Noch einmal hofft er mit freierem Geist fortfahren zu können: noch einmal fühlt er sich in der Gesellschaft die sein Werk erheitert glücklich: und so führt er seine Erzählung bis in die Mitte fort, bis dahin wo die Saracenen Paris angreifen, Rodomont die Leiter an die Mauer legt und nur durch die Ankunft Orlandos sie zu ersteigen abgehalten wird: er verspricht gerade die wohlklingendsten Saiten seiner Cither anzuschlagen; da sieht er eben diese Franzosen über die Berge kommen und ganz Italien in Feuer und Flammen. Er läſst seinen Faden mit Schmerzen fallen, und hat ihn nicht wieder aufgenommen. In dem Jahre in welchem die Franzosen erschienen, 1494, starb er noch. Der Welt bereiteten sich andere Zeitalter vor, in der eine Gesinnung keinen Platz hatte wie er sie hegte.

ARIOSTO.

Schon Lodovico Ariosto, obwohl ein Landsmann, beinahe ein Zeitgenoſs und der Fortsetzer Bojardos, entwickelte doch eine sehr abweichende Geistesrichtung.

Wo Ariosto hie und da der Jahre seiner Bildung gedenkt, stellt er sich als einen jungen Menschen dar den die Welt nach verschiedenen Seiten

---

(1) *S'intende Italia de lamenti piena,*
Non c'hora canti, ma spiro appena.

hin reizt und anzieht. Er widmet sich den Studien bald des Rechts ([1]), bald der Antike. Zuweilen gefallen ihm Hof und Fürstendienst, und in ausbrechenden Kriegen versieht er sich mit Rofs und Waffen: lieber aber ists ihm doch, in der Vigna am Rodano bei Reggio, in dem vom Bach umschlossenen Garten Landleben und Einsamkeit zu geniefsen. Die Poesie ergriff er wohl frühe, doch liefs er sie lange Zeit fahren; bis etwa ein wetteifernder Bruder ihn wieder ermunterte, und auch hier waren es bald Schauspiele, wie er denn schon als Knabe Theaterstücke verfafst hat, bald die romantischen Gedichte der Spanier und Franzosen, bald Horaz und Catull, die er unter jenem Lehrer studirte, der ihn, wie er sagt, aus einer trägen Masse zu einem Menschen gemacht, was ihn beschäftigte. Genug die Wissenschaften des Nutzens und Vergnügens, Krieg und Frieden, öffentliches und privates Leben, antike und moderne Welt, alles zieht ihn an, und er spottet selber über seine Unbeständigkeit.

Wie es aber zu geschehen pflegt, das Leben machte seine Forderungen an ihn geltend und wies ihm seinen Weg an.

Dafs der Vater frühzeitig starb und die zahlreiche Familie von ihrem Erbe nicht leben konnte, dafs Lodovico nunmehr für die Erziehung der Brüder zu sorgen, die Schwestern zu verheirathen, schwierige Processe auszufechten hatte, nöthigte ihn Dienste zu suchen ([2]). Lange Zeit im Gefolge des Cardinals von Este, alsdann am Hofe des Herzogs von Ferrara, gelangte er zu einer sehr mannigfaltigen, vielseitigen Thätigkeit. Er übernahm Gesandtschaften deren sich kein Anderer unterzogen hätte, wie an Julius II, einen beleidigten und jähzornigen Lehensherrn, er focht in der Schlacht gegen die Venezianer auf dem Po, und erstieg selber eins ihrer Schiffe mit ([3]); die Garfignana, durch die Verordnungen eines langen Krieges verwildert, verwaltete er zur Zufriedenheit des Herrn und der Landschaft. Er zeigte sich brauchbar und ergeben. Auch sein scenisches Talent zu üben gab ihm der Hof vielfache Gelegenheit; bald mit Übersetzungen aus dem Plautus, denen

---

([1]) Es war nicht allein der Vater der ihn antrieb: „*Mens mi verbosas suasit perdiscere leges.*" (*Elegia de diversis amoribus.*)

([2]) Er schildert das in der siebenten Satyre. Er habe, sagt er, seinen Sinn von Maria auf Marta wenden müssen.

([3]) *Gabrielis Ariosti Epicedium* vers. 299 läfst daran nicht zweifeln.

man auch in Hinsicht des Verständnisses ein ausnehmendes Verdienst zuschreibt, bald mit eigenen Versuchen in Prosa oder in Versen, die gewifs immer zu dem Besten gehören was die Italiener in dieser Gattung besitzen, diente er der aufkommenden Bühne von Ferrara. Trotz so vielfacher Dienste war sein Glück nur beschränkt, und nur spät gelangte er zu einer Existenz in der es ihm behagte. Er baute sich, wiewohl nur in einer entfernten Strafse, ein kleines Haus: noch besucht man das Zimmer wo er studirte, mit der Aussicht auf den Garten (¹), den er selber bebaute, und trinkt aus seinem Brunnen. Er war zufrieden: er wufste, wie er sagt, den Hafen wo er Winden und Meer den Sturm verzieh: er meint damit, wie er eröffnet, den Umgang mit seiner Freundin, oder Gemahlin (²), deren „frank und freie Seele, deren edle Sitte und aus dem Quell der Gedanken strömende Beredsamkeit ihn festhielt": er war glücklich wenn er auf dem Markte zu Ferrara zwischen den Bildsäulen der alten Marchesen auf und ab gehn konnte; es war ihm genug wenn sechs Menschen den Hut vor ihm abnahmen.

In diesen Zuständen dichtete er die Fortsetzung des verliebten, den rasenden Roland: das Werk seines Lebens. Zwischen 1505 und 1516 hat er ihn verfafst, darauf immer erweitert und verbessert, bis er ein Jahr vor seinem Tode, 1532, eine neue Ausgabe vollendete, die ziemlich als eine andere Arbeit angesehen werden kann.

Schon als eine Fortsetzung nun mufs dieses Werk die nemlichen Bestandtheile enthalten aus welchen Bojardo sein Gedicht zusammensetzte. Die karlingische Rolandssage stellt sich in den grofsen Scenen der Vertheidigung von Paris dar. Ariosto verknüpfte wie sein Vorgänger den Sinn und gar oft die Fabeln des Kreises der Tafelrunde mit derselben. Wenigstens neu ist es nicht dafs Orlando rast, da Tristan wie Lancelot aus Liebe in Wahnsinn fallen. Bereits Apostolo Zeno bemerkte dafs Origille und Martan aus dem Tristan sind. Ich finde dafs auch andere französische Romane von

---

(¹) Das Hintergebäude das jetzt Garten und Haus trennt ist neu. — Er hatte eine kleine Besoldung. In der „*Bulleta stipendiatorum et familiarium*" ist er 1518 aufgeschrieben „*cum salario 7 ducatorum pro mense.*" — Sieben Ducaten! Er bemerkt, dafs er den Musen nicht so viel verdanke um sich einen Mantel machen zu lassen. Jedoch:

Il studio se a lo corpo non da pastura,
Lo da a la mente. (Sat. I.)

(²) Alessandra Strozzi:. vgl. Fernows Leben Ariostos.

Ariosto benutzt wurden. Zu jenem Fall der Bradamante unter andern, durch welchen sie an das Grab des Merlin geräth um sich das künftige Geschick ihres Geschlechtes weissagen zu lassen, ist das Vorbild in *Giron le courtoys*, wo Breux eben auch in eine wunderbare Grotte gestofsen wird, in der er die Geschichte von Girons Voreltern kennen lernt. Wie Pinabel die Bradamante, will dort die Begleiterin des Breux diesen umbringen: beide ersehen dazu Höhlen an den Bergen wo sie sich gerade befinden, und beide geben vor, junge Mädchen in denselben gesehen zu haben ([1]). Ariostos Zeitgenossen wufsten dies wohl. Pigna vergleicht sein Studium der spanischen und französischen Romane mit dem Bemühen der Biene die vollsten, saftigsten Blumen auf der Wiese zu finden. Ein ähnliches wandte er der alten Mythologie zu. Zwar wollen wir nicht mit einigen italienischen Gelehrten den Ruggiero von dem Achill, Carl vom Latinus, Rodomont vom Turnus, Melissa von der Juturna herleiten; allein unmöglich ist es, in der Befreiung der Angelica von dem Meerungeheuer durch den mit Flügelpferd und Zauberschild ausgerüsteten Helden Perseus und Andromeda, in der Olimpia welche Biren auf der Insel verläfst, Ariadne, in Medor den Nisus, in Orco ein furchtbareres Nachbild des Polyphem zu verkennen.

Ariosto wandelt demnach hier auf den Spuren des Bojardo. Es ist merkwürdig wie er zuweilen ich sage nicht in der grofsen Anlage, die natürlich ähnlich und doch verschieden sein mufste, sondern in der Manier der Darstellung mit demselben wetteifert. So hat er die Fischerei der Alcina und das Abenteuer des Astolf aus seinem Vorgänger entlehnt. Wenn bei diesem die Fee alle Fische, so viel ihrer sind, aus dem Meer kommen läfst, Thunfische, Delfinen, Schwertfische, Nordcaper, viele andere, grofse und kleine, und die Ufer erfüllt werden; fafst dies Ariost in einer gesonderten Anschaulichkeit auf. Alcina ruft die Fische welche sie will: geschwind kommen die Delfinen, die dicken Thunen mit offenem Maul, die Robben er-

---

([1]) *Giron le courtoys*: alter Pariser Druck fol. 233. *Or saiches tout de verité que a la premiere foi que je y commencai a regarder, vy je la aval la plus belle damoiselle que je veisse oncques de tout mon age.* Orlando canto II:

E disse che avea visto in fondo
Una donzella di viso giocondo.

Ferner: Breux sagt: *J'ay été ung peu etourdy du cheoir.* Ariost:

Giacque stordita la donzella alquanto.

wachen aus ihrem Schlaf: schaarenweis, emsig schwimmen die kleinen Gattungen herbei: man sieht die gewaltigen Rücken der grofsen Ungethüme. Die Schilderung des gröfsten derselben, den man für eine Insel hält, die Anrede der schmeichlerischen Verführerin ist in einem ähnlichen Sinne fleifsigerer Ausarbeitung herübergenommen (1). Vor allem erkennt man den Unterschied ihres Talentes in der Art wie sie die Antike benutzen. Wenn Bojardo die antike Fabel bis ins Unkenntliche umbildet, so kann man bei Ariost in ganzen Erzählungen Schritt für Schritt den Dichter erkennen den er gerade vor sich hatte. Wie z. B. bei Ovid Perseus die Andromeda, würde bei Ariost Ruggiero die Angelica für eine Bildsäule halten, sähe er nicht Thränen aus ihren Augen rinnen und ihr Haar im Winde flattern; er redet sie nicht anders an als jener: sie sei der Ketten der Liebe werth, nicht aber solcher. Wie dort Andromeda würde hier Angelica ihr Gesicht mit den Händen verhüllen, wäre sie nicht gebunden. Wie bei Ovid, wird auch hier das kommende Ungeheuer mit einem Schiff und der Bekämpfende mit dem Adler der sich auf die Schlange stürzt verglichen. Dabei ist jedoch Ariost noch weit entfernt unselbständig zu werden. In jedes Bild vertieft er sich und mahlt es mit eigenthümlicher Anmuth aus. Allerdings ist die Beschreibung, wie das Thier, obwohl nach mancherlei Umschweif, von Orlando endlich getödtet wird, der Ovidischen, wo dasselbe bald untertaucht bald sich noch einmal erhebt bald sich herumwälzt wie ein wilder Eber, nachgebildet; allein Ariost schildert anschaulicher, wie es sich erst über das Meer emporhebt, so dafs man seine Seiten und seinen schuppigen Rücken sieht, dann niedertaucht, den Sand mit dem Bauche aufwühlt und herauswirft, und dem wilden Stiere ähnlich ist der sich unerwartet den Strick um die Hörner wer-

---

(1) Bojardo lib. II canto 13. *Ove la fata sopra la marina*
Facea venir con arte e con incanti
Sin fuor dell'acqua i pesci tutti quanti.

Ariosto canto VI: *E stava sola in ripa a la marina*
E senza hamo e senza rete traea
Tutti li pesci al lito che volea.

In diesen Worten zeigt sich gleich das ganze Verhältnifs. Wie viel anschaulicher ist Ariost: ohne Netz, ohne Angel, statt: durch Zauber; die Fische welche sie wollte, statt alle mit einander. Der Erfinder aber bleibt Bojardo. Ich bitte die Leser denen diese Dinge nicht zu gering vorkommen, die ganze lange Stelle Wort für Wort zu vergleichen.

fen fühlt, nach allen Seiten springt, in den Kreis läuft, sich beugt und erhebt und sich doch nicht losmachen kann. Da ist nun merkwürdig wie Ariost dem Virgil folgt. Virgil, der Erhabenheit seines Gegenstandes immer eingedenk, behandelt selbst das Geringfügige mit Würde. Den Spieler der in der berühmten Nacht des Nisus und Euryalus getödtet wird, schildert er mit Haltung und Anstand: „Serranus hatte in jener Nacht viel gespielt, der wohlgebildete, und lag darnieder, seine Glieder von göttlichem Weingenufs überwältigt." Auch von Rhamnes, der zugleich König und ein dem Herrscher willkommener Augur ist, wird mit gewählten Worten gedacht, er hauche auf hohen Teppichen den Schlaf aus voller Brust. Den Serran löst Ariost in zwei Bilder auf: in den Trinker, der, an das Weinfafs gelehnt das er ausgeleert hat, eines ruhigen Schlafes zu geniefsen hoffte, jetzt aber wird ihm der Kopf abgehauen und mit dem Blute springt der Wein hervor; und in ein paar Spieler, einen Griechen und einen Deutschen, welche die Nacht bei Schaale und Würfel zugebracht haben. Den König-Augur bildet er in den gelehrten Alfeo um, zugleich Arzt, Magus und voll von Astrologie: er hatte sich geweissagt dafs er im Schoofse seiner Frau sterben würde: jetzo traf ihn die Spitze des Schwertes. Man könnte sagen, wenn es nicht zu gesucht klänge, Ariost übersetze den Virgil unbewufst in den Homer zurück. Auf jeden Fall stellt er die Sachen anschaulicher, natürlicher und, wenn man will, gemeiner dar ([1]).

Überhaupt aber zeigen sich, wenn wir nicht irren, in Bojardo und Ariost zwei verschiedene Fähigkeiten der Phantasie. Bojardo dichtet im Grofsen: die Ereignisse wie die Erscheinungen stellen sich ihm auf einmal, im Ganzen dar. Ariosts eigenthümliches Talent dagegen liegt in der durchgebildeten Anschauung einzelner Momente, die er in deutlichem Umrifs dar-

([1]) So ist nun auch das Verhältnifs zu dem Giron im einzelnen Ausdruck merkwürdig, z. B. bei jenem Fall den Ariosto aus Giron entnahm: *Lors s'en vient a ung grand arbre et trenche la branche et puis l'acroche a une part de la roche et oste son haulbert et ses chausses de fer pour etre plus leger. Et maintenant se prend a la branche et entre dedans.* Wie viel anschaulicher und deutlicher wird dies bei Ariost:

Ecco d'un olmo alla cima frondosa
Volgendo gli occhi un lungo ramo vede
E colla spada lo subito tronca
E lo declina gia nella spelonca etc.

legt: mit Vergnügen, Wohlgefallen und Absicht geht er auch auf das Kleine ein: Moment nach Moment bringt er so recht mit Behagen und Genuſs hervor und stellt sie auf das lebendigste vor unsere Augen. — Diese durch die beiden Werke gehende und in ihrer Grundanlage thätig gewesene Verschiedenheit erklärt schon einigermaaſsen den so ganz verschiedenen Eindruck, die ganz verschiedene Wirkung welche sie hervorbringen. Es kommen noch einige andere Momente hinzu.

In Bojardo herrschen Vorstellungen und Dichtungen des Mittelalters schlechterdings vor; wird ein Alexander erwähnt, so ist es der mythische: Tristan und Isolde dienen zu Gleichnissen. Bei Ariost dagegen ist der Hintergrund allgemeiner Vorstellungen aus den Alten entnommen, und das Alterthum erficht in ihm einen entschiedenen Sieg. Die Frauen sind so schön wie von Phidias gebildet: oder sie sind in künstlicher Arbeit erfahren wie Pallas: oder ihr Alter ist das der Hecuba und der Cumanerin. Will er einen Mann loben, so war Nireus nicht so schön, Achill nicht so stark, Ulyss nicht so kühn, Nestor, der so lang lebte und so viel wuſste, nicht so klug. „Grausames Jahrhundert," ruft er einmal aus, „voll von Thyesten, Tantalen und Atreen: in welchem Scythien ist dies Kriegssitte! — Er war der kühnste Jüngling von den äuſsersten Küsten der Inder bis da wo die Sonne sinkt. — Bei einem Polyphem hätte er Gnade gefunden: aber du bist ärger als ein Cyclop und Lästrygone." Der Duft ist bei ihm wie von Indiern und Sabäern: ein Gastmahl, wie es kein Nachfolger des Ninus genieſsen könnte; der Buhle der Alcina wird ihr Atys genannt. Wie Orlando mit dem Meerungethüm so gewaltsam gebahrt, vergiſst der alte Proteus seine Heerde und flieht über den Ocean: Neptun läſst den Wagen mit Delfinen bespannen und geht zu den Äthiopen.

Aber überdies führt Ariost die moderne Welt in das Gedicht ein. Nicht allein indem er jenen Bezug der Fabel auf das Haus Este noch weit mehr als Bojardo und in weitläufiger Ausführung hervorhebt, sondern auch indem er statt des Costumes einer eingebildeten Epoche allenthalben die Anschauungen der eigenen einführt. Das Kriegswesen seiner Zeit, das in der That noch viel Ritterliches hatte, erlaubte ihm die Beschreibungen der Zweikämpfe, Turniere, Waffen und Sitten demjenigen gemäſs was er täglich sah, darzustellen; allein auch minder poetische Dinge nimmt er auf: Schatzmeister, die Pferde und Volk, wie er sich ausdrückt, machen ([1]), Commissionen die durch Contrasegni bekräftigt werden, u. s. w. Die Vertheidigung von Paris ist der Vertheidigung von Ferrara nachgebildet die Alfonso dem Ersten so wohl gelang. Er enthält sich nicht Minen und Hakenbüchsen zu schildern. Auch auf dem Schiff sieht man die Helden bei widrigem Wind ihre Seekarten durchforschen. Die Beute besteht bei ihm wohl unter andern aus Zimmerbehängen in Flandern gearbeitet: er gedenkt der Seide und des Goldstoffes, so trefflich wie es florentinische Weber machen. Ruggiero ist so verweichlicht als hätte er in Valencia den Damen gedient.

Wie ihm dann das Kaiserthum Carls des Grofsen und das französische Reich eins sind, die goldenen Lilien von Carl wie von Louis XII vertheidigt werden, so treten ihm die Menschen seiner Zeit unter die Heroen und die Wunder der Fabel ein. Seiner Fürsten und Freunde gedenkt er ausführlich. Ereignisse die er erlebte werden in aller ihrer Breite eingeflochten, und noch als er die zweite Ausgabe des Gedichtes machte, mufste sich ein Platz für Andrea Doria und genuesische Sachen finden. Man versichert übrigens dafs der Poet eine Gabrina, einen Caligorante gekannt, dafs was er von Ariodante und Ginevra, dem Eremiten und Angelica erzählt, sich damals in seiner Nähe zugetragen hatte ([2]).

Durch diese unverhüllten Nachahmungen des Alterthums, diese ausgeführten und durchgehenden Darstellungen moderner Dinge erlitt der überkommene Stoff eine völlige Verwandelung. Die Veränderung die die Sprache durch Ariosto erfuhr, ging derselben zur Seite.

Jede Sprache erlebt eine Periode in der sie aus dem schwankenden Gebrauche zur festen Regel gelangt und correct wird. Glücklich der Autor

---

([1]) VII 159.

Mandò per tutta la sua terra
Suoi tesorieri a far cavalli e gente,
Navi apparechia e munition di guerra,
Vettovaglie e danar maturamente. —

Das könnte in Prosa eben so gut im Guicciardini stehn. So theilt Ariosto, um noch eins anzuführen, die spanischen Mauren nach den Provinzen des damaligen Spaniens ein: *I Catalani: la gente di Navarra: il popul di Leone: la minor Castiglia:* was auf die Zeitgenossen um so mehr den Eindruck des Modernen machen mufste, da so eben an die Schlacht von Ravenna von 1512 erinnert worden war, wo jene Spanier gestritten hatten.

([2]) Das letzte bemerkt Fornari: *Allusioni del Furioso sopra le cose accadute* in der Ausgabe von *Orlandini Venezia* 1730.

der noch Zeit hat sich die Regel zu eigen zu machen: da sie allmählig in das Gefühl übergeht, würde jede Beleidigung derselben späterhin mit Misbehagen wahrgenommen werden. In der Freundschaft mit Bembo, durch welchen die italienische Sprache eine solche Veränderung erfuhr, berührte dies Bemühen Arioston gleichsam persönlich: mit Freuden erkennt er die Verdienste dieses Meisters der Sprache an: er erklärt, von ihm lernen zu wollen was er allein zu Stande zu bringen nicht fähig sei. Sorgfältig sucht er denn Provinzialismen, falsche Ausdrücke die nur den Reim erleichtern wegzuschaffen ([1]): er unterwirft sich bereitwillig dem Gebrauche des vierzehnten Jahrhunderts: weil z. B. Boccaz und Petrarca statt *gli dei* gesagt *i dei*, nimmt er dies durch sein ganzes Buch auf; er hat wohl hundert Verse geändert um *caval* wieder wegzuschaffen, das er statt *cavallo* zu brauchen sich erlaubt hatte. So in unzähligen Fällen.

Nicht minder aber war er auf den freien Fluſs seiner Stanze bedacht. Er entfernt Parenthesen welche die Construction unterbrechen, das Zusammenstoſsen harter Consonanten, schwere Reime: er vereinigt den Gedanken der die Stanze schlieſst und der sich in die drei Verse am Ende ausdehnte, in den rhythmischen Fall der beiden letzten: er versäumt nicht auf das Volk zu hören, das seine Verse gar bald auf den Straſsen sang, und die Veränderungen sich anzueignen die sie im Munde desselben erlebt hatten ([2]). Wie viel Mühe er sich gab, kann man auf der Bibliothek zu Ferrara wahrnehmen. Wer da einmal die Autographen Ariostos und Tassos sah, wird sich ohne Zweifel verwundert haben, zu wie wenig Veränderungen der letzte, obwohl seine Verse mühevoll vollendet scheinen, Veranlassung fand, während die Handschrift Ariostos, für dessen Verdienst die Leichtigkeit gehalten wird, durch unzählige Correcturen und wiederholte Umarbeitungen einzelner Stanzen fast unleserlich geworden ist. Diese Leichtigkeit konnte nur durch groſsen Fleiſs erreicht werden. Nur durch den ist es ihm gelungen seiner Sprache eine Reinheit, Angemessenheit, eine schlanke, freie Bewegung zu

---

([1]) Eine sehr merkwürdige Stelle finde ich in Hortensius Landus: *Sferza de scrittori* 1550: „*Quanti errori appartenenti alla volgar grammatica erano già ne primi volumi* (des Orlando) *che si stamparono. Furono poi corrette per opera d'un giovane Sanese che gli era molto amico.*"

([2]) Gianb. Pigna: *Scontri de luoghi i quali M. Ludovico Ariosto mutò dopo la prima impressione.* Am Ende des ersten Bandes derselben Ausgabe von *Orlandini.*

geben, die einen unvergleichlichen Reiz hat. Sie ist ungezwungen, wie im Gespräch, voll Ausdruck und frei von Angewöhnungen oder Willkürlichkeiten. Hierin ist er seinen Vorgängern, selbst dem Bojardo, der noch ungelenk ist und zuweilen etwas von romantischer Manier hat, weit überlegen. Durch diesen sorgsamen Fleiſs gelang es Arioston auch die Periode der Stanze erst recht auszubilden. Gerade ihm, dessen Verdienst in dem leichten Unterordnen bezeichnender Nebenumstände unter das Ganze einer Vorstellung besteht, kam dies zu. In der That ist der Fluſs ariostischer Verse ein zusammenhangender, von Anfang bis zu Ende ununterbrochener flüchtiger Wohllaut.

Und man muſs nicht glauben, daſs er sich zu dieser angestrengten Bemühung zu zwingen gehabt habe: nein, sie war ihm Natur. Er war ein Mensch der sich innerlich mit seinen Gebilden beschäftigte. Wie er an seinem Blumenbeet, am Garten immer etwas zu bessern und umzuändern fand, so arbeitete er immerfort an seinen Versen. Zuweilen vergaſs er die Besserung wieder: zuweilen kehrte er zu der alten Lesart zurück; aber in der Regel behielt er jene bei: auf jeden Fall war er immer damit beschäftigt. Natürlich, wie mit den Versen, so mit den Sachen. Er lebte in seine Gedanken vertieft, so daſs er oft seine Umgebung vergaſs. Man hat bemerkt, daſs er zuweilen wenn er gegessen, nicht mehr wuſste daſs er es gethan hatte. Es mag wohl gegründet sein, daſs als ihm sein Vater einmal Vorwürfe machte, er sich zu entschuldigen vergaſs, indem er nur die Comödie im Sinne hatte an der er arbeitete und in der eine ähnliche Scene vorkommen muſste. Man sah ihn einst zu Ferrara in seinem Hauskleid ankommen: er war von Carpi aus spazieren gegangen, in seine Phantasien verloren die Hälfte des Weges gekommen, und hatte dann, da er sich einmal so weit sah, den fernern Weg wie er war gemacht (1).

Von der Natur dieses innerlich bildenden, in sich selber arbeitenden Geistes giebt die Verknüpfung der mancherlei Bestandtheile dieses Werkes zu einem Ganzen Zeugniſs. Es kann hier nicht von der strengern Einheit eines von Einer Idee ausgegangenen zu Einem Zweck harmonisch angelegten, etwa eine einzige groſse Handlung ausführenden Poemes die Rede sein. Wir wis-

(1) Erinnerungen Virginio Aristos bei Barotti *Memorie* I p. 177. Hätte der gute Virginio doch noch ein paar Stunden angewendet um die Capitel auszuführen, deren Inhalt er nur andeutet.

sen, dafs Ariost so zu sagen die Episoden eher machte als das Gedicht. Die Handlung, welche sie jetzt nicht mehr beherrschte sondern nur verknüpfte, setzte er erst darnach dazwischen ([1]). In dieser war ihm genug jene drei Fäden fortzuführen die er von Bojardo herübergenommen; und es ist immer merkwürdig, wie er sich zur Vollendung seiner Fabel gerade des mindest tapferen von allen Paladinen, des Astolfo, bedient. Er weifs ihn noch wunderbarer als sein Vorgänger, und auch mit dem Hippogryphen auszurüsten. Mit dem besteht Astolfo jene seltsam erdachten Abenteuer, die ihn fähig machen Bradamante und Ruggiero von ihrem Zauber zu lösen und ihre Verbindung vorzubereiten, den Orlando seiner Raserei zu entheben, die Saracenen endlich durch die Verwüstung ihres africanischen Gebietes, ein wunderlich ausgestatteter Scipio, zur Heimkehr aus Europa zu nöthigen. Diese überraschend erfundene Auflösung ist ein Beispiel seines Verfahrens. Alle die hundert Erfindungen die nicht von ihm kommen, weifs er mit dem Gewebe das ein Anderer angefangen, geschickt zu verbinden. Er pflegt seine Erzählungen bis auf einen entscheidenden Punct zu bringen, gerade hier, oft zum Verdrufs des Lesers, sie fallen zu lassen, und wenn er diesen durch neue mit den vorigen in Anmuth wetteifernde Fabeln für etwas anderes interessirt hat, allmählig zu den schon in den Hintergrund getretenen zurückzukehren um die verschlungenen Knoten leicht und natürlich zu lösen. Hiebei gefällt ihm, wo möglich immer zu etwas ganz Verschiedenem fortzuschreiten. Zwischen den Schwertern des Mandricard und Rodomont läfst er die zarte Doralice erscheinen: aus dem Unglück der Pariser Belagerung führt er uns zu dem Feste zu Damascus fort: er ist voll reicher, reizender Abwechselung. In diesen Verknüpfungen zeigt er eine unvergleichliche, seinem Talent ganz eigenthümliche Fähigkeit. Man erlaube uns zu glauben, dafs sein der Aufsenwelt vergessendes Dichten und Denken nicht selten diesem Bemühen gewidmet war.

Und so brachte er dieses verwunderungswürdige Werk hervor, um dessen willen ein Jahrhundert seinen Namen dem andern unter denen überliefert die der Vergessenheit entgangen sind. Allenthalben tritt er uns selbst

---

([1]) *Pigna, Vita di Ariosto: Dal che comprender si può qual fosse la via del comporre da lui usata. Primieramente molti episodi atti ad esser allargati raccoglieva in uno, e le azioni poi inframetteva che gli paressero a dare spirito al rimanente bastevole.*

entgegen, ein heiterer Mensch, im Grunde gut, obwohl er nicht einem Begriff oder Ideal, sondern seiner Natur nachlebt, der seine Erfahrungen und Neigungen mit Behagen vor uns enthüllt. Trotz seines romantischen Gegenstandes läfst er uns gar oft den Dichter der Comödien und Satyren wahrnehmen. Die Lebensansicht die vornehmlich den Satyren, welche als Briefe über die Ereignisse des täglichen Lebens anzusehen sind, zu Grunde liegt, eine Verachtung nichtiger menschlicher Bemühungen, eine unschuldige Gesinnung welche Ruhe, Beschränktheit und Einsamkeit liebt, die er nicht ohne leichten Spott über seine Schwächen mit einer Einfalt, Ehrlichkeit und Zutraulichkeit schildert welche der Alten würdig sind, tritt uns auch in dem Orlando entgegen. Nur Einen Mangel, wie auch das gröfste Talent seine Grenze hat, darf man sich hiebei wohl nicht verhehlen. Man könnte von ihm nicht sagen, dafs er irgend eine Tiefe des menschlichen Wesens und der Natur eröffnet habe. Vor gewissen Dingen hat er eine angeborne Scheu. Wohl trägt auch er kein Bedenken z.B. die Zwietracht in Person statt in der Hölle in einem Kloster, unter andern nichtigen Dingen auf dem Mond die Schenkung Constantins finden zu lassen, dem Eremiten schimpfliche Unzucht zuzuschreiben: und dergestalt auch seines Orts kirchlichen Misbräuchen den Krieg zu machen; jedoch von dem gemeinen Weg des Glaubens abzuweichen hält er für eine unthunliche Sache, da der Verstand, wenn er Gott schauen wolle, verwirrt und blind niederfalle. Sein Gebiet ist die sinnliche Anschauung. Wie sehr man bildende Kraft der Phantasie, unerschöpfliche Darstellungsgabe an ihm bewundern mag, so wird man doch, wenn man ihn lange fort liest, höheren Schwung der Seele und wirksames Gefühl für die höchsten Interessen bei ihm vermissen.

Immer werden diese beiden Gedichte, der verliebte und der rasende Roland, als die gelungensten Hervorbringungen italienischer Romantik zu betrachten sein. Dem ersten wird man vielleicht in Erfindung und tieferer Poesie, dem andern in der Ausbildung einzelner Momente, anschaulicher Darstellung, glücklicher Verknüpfung und der Sprache den Preis zuerkennen müssen. Zusammengenommen lassen sie sich mit einem Januskopf vergleichen. Bojardo enthält die Blüthe der Denkweise und der Lebensformen des spätern Mittelalters: Ariosto die erste Entwickelung der modernen Poesie in vollem Glanze.

BERNI.

Wohin aber war nunmehr jene in dem strengen Sinn des kriegerischen Christenthums erfundene, in einfacher Entwickelung ausgeführte Carls Sage gekommen. Nicht allein Fabeln des Mittelalters, von ganz anderm Geiste ausgegangen, nicht allein Mythen des Alterthums ihrem Inhalte nach, sondern auch ausführliche Nachahmungen antiker Dichter und mannigfaltige Bestandtheile des modernen Lebens waren in dieselbe aufgenommen. Gerade damals als es nicht möglich war ihr noch etwas Neues hinzuzufügen ohne sie vollends zu zerstören, warf sich die Menge der Nachahmer auf ähnliche Arbeiten, und sie mufsten belehrt werden, dafs es nicht Jedem gegeben sei auf der Bank des Ariost zu sitzen ([1]). Und doch hatte sich in dem litterarischen Italien eine Gesinnung entwickelt, die schlechterdings einen weitern Fortgang und andere Versuche forderte.

Die drei Bücher des *Orlando inamorato* von Graf M. Matteo Bojardo waren zuerst 1495 erschienen. Was ist merkwürdiger als dafs ehe 40 Jahre um waren, noch bei Lebzeiten Clemens VII ([2]), Francesco Berni, damals eines der Oberhäupter der italienischen Litteratur dies Gedicht durchaus umzuarbeiten unternahm. Heutzutag kennt man in Italien fast nur den Orlando des Berni, und das echte Werk, so glücklich erfunden, so mannigfaltig im Ausdruck, so wahrhaft poetisch es auch ist, gehört zu den versäumten und vergessenen. Noch im neunzehnten Jahrhundert ist jener fünf bis sechs Mal gedruckt worden, während dieses nur noch in Deutschland Ruf hat. Ohne Zweifel war in jenen 40 Jahren in Bildung und Geschmack eine Veränderung eingetreten, die eine solche Umarbeitung wünschenswerth machte, und aus der noch fortdauernden Billigung derselben darf man schliefsen, dafs sich der neue Geschmack seitdem gleichartig weiter entwickelt habe. Um so mehr ist es der Mühe werth die Unterschiede aufzusuchen die zwischen beiden Gedichten bestehn.

Es würde aber überflüssig sein sie dort zu beobachten wo etwa die Härten, die im Bojardo stehn geblieben, zurückgeschoben und eine correc-

---

([1]) *Niccolò Franco, Dialoghi piacevolissimi* III 65.

([2]) Berni sagt XIV 28. *Sì che il Settimo mio Signor Clemente*
Vivesse anni piu lieti e piu beati
Che vissuti non ha fin al presente.

tere Sprache hergestellt worden: einmal weil Berni seinem Vorgänger da doch nur den Dienst leistete den Ariosto sich in den spätern Ausgaben selber erwies; sodann aber, weil er in der Regel auch den Sinn ändert, nicht allein den Ausdruck. Ohne die Öconomie des Gedichtes umzugestalten, ohne mehr als zwei bis drei Einschaltungen hinzuzufügen oder etwas Bedeutendes wegzulassen, macht er das Werk doch wesentlich zu einem andern.

Und zuerst bemerken wir dafs es ihm gefällt den Ausdruck seines Autors zu amplificiren. Wenn bei Bojardo Angelica der Morgenstern scheint, die Lilie des Gartens, die Rose vom Beet, so scheint sie bei Berni der leuchtende Stern im Osten, ja um die Wahrheit zu sagen die Sonne (¹). Bojardo läfst sie unter jene Frauen am Hofe Carls treten „welche gütig sind, schöner als er sage, Brunnen der Tugend, von denen aber jede nur so lange schön bleibt bis diese Blume sich zeigt, welche den Preis davonträgt"; bei Berni sind dies Frauen, von denen die eine Pallas, die andere Diana scheint, über jede menschliche Vorstellung hinaus schön, bis diese lebende Sonne sich zeigt, welche den Andern thut was unsere Sonne den Sternen. Ziliante, der Liebling der Morgana, ist bei Bojardo sehr gewandt und schön, in seinem Antlitz voll Anmuth, zierlich und sauber in seiner Kleidung, verbindlich und höflich in seiner Rede: er gereicht der Morgana zu hohem Trost: sie schaut in sein schönes Gesicht als in einen Spiegel. Bei Berni ist dieser Ziliante auf eine Weise schön dafs es nicht die Schönheit eines Sterblichen scheint, ein Kleinod, dessen Raub man einer Frau verzeihen kann: sie verzehrt sich wie Schnee oder Eis wenn sie in sein Gesicht sieht.

Schon hier bemerkt man wie sehr Berni das Allgemeingültige dem Besondern vorzieht. Vornehmlich in Characterschilderungen ist dies auffalland: er verwischt die kleinen Züge geflissentlich. Dort z. B. wo Rinald, freudig zu Thaten und jugendlich bescheiden, von Carln die Anführung be-

---

(¹) Bojardo: *Essa sembrava matutina stella*
E giglio d'orto e rosa de verzieri,
In somma a dir di lei la veritade
Non fu veduta mai tanta beltade.
Berni: *Parea l'oriental lucida stella,*
Anzi parea il sole, a dir il vero,
O s'altro è bel, fra le cose create
Non fu veduta mai tanta beltate.

kommt, niederkniet und spricht: ich will mich bemühen, hoher Herr, mich so grofser Ehre würdig zu machen, läfst ihn Berni schlechtweg „eine schöne Rede halten." Bei Bojardo weifs er Jedermann sich sittig zu erbieten; bei Berni „die Ceremonien sehr wohl zu machen." Bei der Schilderung des Astolf läfst Berni gerade weg, dafs dieser sich immer zu entschuldigen weifs, und das nächste Mal, ohne Arg, das nemliche thut. Orlando und Ferrau kämpfen: „Ihr könnt denken, sagt Bojardo, ob Orlando zornig war; von Ferrau sag ich nichts, denn so lang er lebte war er nie ohne Zorn." Berni sagt: „es war ein Kampf zwischen einem Stolzen und einem nicht Sanften."

Dies greift dann in die Schilderung aller Begebenheiten und Zustände über. Das eigentlich Unterscheidende derselben vermeidet Berni darzustellen. Wie Ferrau hört dafs sein Vaterland verwüstet werde, sein Vater gefangen sei und verlangende Hände nach ihm ausstrecke, bedenkt sich der Stürmische bei Bojardo natürlich nicht: er eilt dahin wie der Sturmwind: eine Stunde scheint ihm so lang wie hundert bis er sich mit dem Feinde messe. Berni dagegen gefällt sich ausführlich zu schildern wie er Liebe und Pietät auf die Wage gelegt habe: Ferrau beträgt sich bei ihm eben auch wie jeder Andere. Die Angelica Bojardos bescheidet sich des trefflichen Rinald nicht würdig zu sein, doch sollte er nicht zürnen geliebt zu werden; bei Berni ruft sie nur im Allgemeinen aus: „wo sei ein Herz so hart um diesen Bitten zu widerstehn, eine Bestie so wild und hartnäckig um nicht geliebt werden zu wollen." Die zarte Neigung Ruggieros wird dahin erweitert dafs der Jüngling alle Sinne verloren habe. Selbst die Nebenumstände die sich gleichsam selber darstellen verwirft er. Bojardo: Sie steigen die Berge immer aufwärts, bis sie Aragonien unter sich rauchen sehen (1); Berni: „Sie haben schon so viel Land zurückgelegt." Dies ist die Weise in der das ganze Buch umgearbeitet ist.

Hiebei versteht es sich gleichsam von selbst dafs der Hintergrund den das Gedicht in der Mythe des Mittelalters hatte hinweggenommen wird. Die Vergleichungen mit Tristan und Isolde läfst Berni ausdrücklich weg wo er sie findet; von Artus und der Tafelrunde will er nicht viel wissen. Seine

---

(1) Bojardo: *Montano l'alpe sempre andando in suso:*
Berni: *Passato han gia tanto spatio di terra.* —
Es ist die Reisekarte ohne Berge.

Heroen sind Theseus, Bellerophon, Hercules. Er hütet sich wohl von jenem Ritter Dolisi der die Circella überwindet zu erzählen: er nennt ihn geradezu Ulysses, einen Mann von Tapferkeit. Gar viele Züge welche einem Gedicht das den Kampf des Christenthums wider die Saracenen zum Gegenstand hat, an sich nicht unangemessen sind — z. B. wenn es bei dem frühen Tod des Argalia heifst: es fehlte ihm nichts als unser Glaube, oder wenn Orlando für den Gegner, den er noch getauft hat, mit gefaltenen Händen betet — kann er nicht leiden, und verbannt sie ohne Weiteres.

Genug, durch und durch, in den Beschreibungen der Charactere, Ereignisse, Zustände, in dem allgemeinen Sinne und dem Auffassen des Einzelnen verändert Berni das ihm vorliegende Werk; statt des bezeichnenden Ausdruckes flicht er Concetti oder florentinische Sprüchwörter ein (1); an dem alten Stoff macht er eine ganz neue Behandlungsart geltend.

Wollen wir sie im Allgemeinen bezeichnen, so dürfen wir vielleicht sagen, dafs die alte Darstellungsweise auf Anschauung, die neue auf Reflexion gegründet war. Jene ergriff das Besondere, Individuelle als ein ursprünglich Unterschiedenes, diese das Allgemeine, der Gattung Angehörige, was allerdings alle Mal ein Abstractum ist, und fafste die Unterschiede gleichsam als Grade. Daher mag es kommen, dafs während jene, das Partielle verfolgend, hie und da einem der Abstraction gewohnten Geiste unleidlich wird, diese, in jedem Fall immer ein Höchstes zu bezeichnen suchend, auf die Letzt nur allzu einförmig ausfällt. In den Tagen Bernis fing die Manier der Reflexion den Gebildeten des Jahrhunderts, welche vornehmlich das lateinische Alterthum studirten und z. B. Virgil in der Regel höher hielten als Homer, fast ausschliefsend zuzusagen an. Besonders das rhetorische Verdienst ward geschätzt. Zugleich machte sich in der Gesellschaft eine Sinnesweise geltend welche das Decorum in der jedes Mal beliebten Form als eine Pflicht forderte und die Darstellung des Eigenthümlichen nur in so fern erlaubte als sie jenem nicht widersprach. Diese veränderte Sin-

---

(1) Bojardo: *Non non, rispose crollando la testa*
Lo ardito Ferrau, non vi pensare.
Berni: *Tu non hai ben la retorica studiato,*
Respose quel pagan ch'è di mal seme.

So finden wir bei Berni: „*Nel cader era alquanto latino*": oder „*Viene il soccorso di Pisa!*" d. h. die Hülfe bleibt aus: oder „*Va per dargli l'ultime vivande*" er will ihn tödten u. s. w.

nesweise wollte auch ihre poetische Darstellung. Wir sagen nicht geradezu daſs sie derselben unfähig sei. Allein eine andere Frage ist ob man recht that, Gedichte in ganz anderm Sinn erfunden, in ganz anderer Weise ausgeführt den Forderungen die man jetzo machte gemäſs zu bearbeiten: so merkwürdig das Product auch ist das hiedurch zu Stande kam, so konnte es doch höheren Forderungen niemals genügen.

BERNARDO TASSO UND LUIGI ALAMANNI.

Wenn dennoch zwei namhafte Dichter kurz nach einander, zwischen 1546 und 1557, etwas ganz Ähnliches versuchten, Bernardo Tasso, indem er den Amadis aus der spanischen, Luigi Alamanni, indem er Giron le courtois aus der französischen Prosa in toscanische Reime brachte, so müssen wir noch einen Augenblick stehn bleiben um das Verfahren das diese beobachteten wahrzunehmen.

Zuerst fragen wir, ob sie nicht ihre Originale im Wesentlichen umdichteten. In wie fern Alamanni dies that, wird sich aus der Betrachtung eines einzigen Falles ergeben.

Das Gewebe des alten Romans von Giron beruht vornehmlich auf dem Verhältniſs des Helden zum Freund und zur Geliebten und auf dem innern Conflict in welchen er dadurch in seiner Seele geräth. Giron liebt das Weib seines Waffenbruders Danayn, und der Moment wo er in seinem verrätherischen Beginnen durch die Inschrift seines Schwertes (¹) betroffen und Hand an sich selber zu legen bewogen wird, ist der Mittelpunct in der ersten Handlung des Buches. Darauf geräth Danayn in eine ähnliche Versuchung, besteht aber nur allzu schlecht: er raubt dem Freunde die Schöne, zu deren Herbeiführung er gesendet war. Der Roman erzählt, unter welchen Gefahren und Abenteuern Giron den Danayn sucht, wie er ihn endlich trifft, mit ihm kämpft, ihn besiegt und ihm das Leben schenkt. Allein höchst auffallend ist, daſs der Hauptmoment der die Fabel verknüpft,

---

(¹) Wenn man auf dem Schwerte das Innocenz VIII 1490 dem Landgrafen Wilhelm von Hessen schenkte, in dem Museum zu Cassel, von der etwas unleserlich gewordenen Inschrift die Züge unterscheidet: *Le aute passe tout*; so ist dies wohl nicht zu ergänzen: *La beauté passe tout*, wie man versucht hat; sondern es möchte vielmehr die altberühmte Inschrift von Girons Schwert sein: *Loyauté passe tout*, an welche zu erinnern einem Papst wohl geziemt.

vom Verrathe des Danayn, auf welchen man doch unzählige Mal zurückkommt, nur ganz im Vorbeigehn angedeutet wird. Da nun der alte Pariser Druck von pag. cx auf cci überspringt, da die Erzählung die wir vermissen gerade in diese Lücke fallen mufste, da auch andere Beziehungen auf etwas deuten das an derselben Stelle ausgefallen ([1]), so sollte man vermuthen, dafs jener Mangel mehr ein Fehler des Druckes als des Autors sei. Ich kann nicht entscheiden, ob er vielleicht dem Zusammenhang zuzuschreiben ist in welchem Giron ursprünglich mit Meliadus steht, da ich keinen alten Meliadus gesehen habe: auf jeden Fall aber ist die Lücke für die Anschauung der Fabel im Ganzen unerträglich. Sollte man nicht erwarten, dafs Alamanni sie auf irgend eine Weise auszufüllen, den Hauptmoment, auf welchem die Folge seiner Erzählung beruht, zu entwickeln versuchen würde? Wir finden davon nichts. Wie er Capitel für Capitel in seine toscanischen Verse bringt, übersetzt er auch ohne allen Anstofs, ohne sich umzusehen die summarische Erwähnung von Danayns Frevelthat, ohne daran zu denken, dafs alles was folgt sich hieran knüpft. Auch übrigens war er zwar am Anfang und Ende, wo der Zusammenhang dieses Romans mit einem andern allzu deutlich hervortritt, zu einigen Änderungen genöthigt; im eigentlichen Werke folgt er seinem Autor allenthalben ohne abzuweichen nach.

Es könnte scheinen, als sei Bernardo Tasso ganz anders verfahren. Wenigstens verflicht er allenthalben in die Abenteuer des Amadis eine andere Fabel von Mirinda und Floridante. In Wahrheit aber, diese blieb ein jenen so fremdes Element, dafs Torquato Bernardos Sohn die sie betreffenden Episoden aus dem Amadis herausnahm, mit einigen Ergänzungen zusammenstellte die er noch in des Vaters Nachlafs fand, und im Jahr 1587 das Ganze als ein völlig unabhängiges Gedicht erscheinen liefs. Dem Stoffe des Amadis ward durch die neue Fabel nichts hinzugefügt was ihn wesentlich berührt hätte. Bernardo Tasso folgt seinem Autor, etwa auch hier den Anfang ausgenommen, Schritt für Schritt nach.

Ein selbständiges Ergreifen der Fabeln läfst sich an diesen Dichtern demnach nicht wahrnehmen: schöpferische Poesie hat an ihren Werken

---

([1]) Z. B. pag. ccIII erzählt Giron was ihm den Tag zuvor geschehen sei: *Il commence maintenant a dir tout ce que le (vilain) chevalier luy avait fait devant son pavillon etc.*, von welchem Factum in unserm Drucke keine Meldung.

wenig Antheil: betrachten wir in welchem Geiste ihre Behandlung übrigens unternommen ward.

Dann ist das Verhältnifs merkwürdig in welchem sie ihre persönliche Stellung in dem Gedichte hervortreten lassen. Wie Tasso, auf Antrieb neapolitanischer Fürsten und Machthaber, damals von Spanien abhängig, den am eigenthümlichsten spanischen Roman ergriff: so liefs sich Alamanni durch Franz I, in dessen Schutz er sich mit andern ausgewanderten Florentinern begeben hatte, zur Bearbeitung des in Sinn und Wesen vielleicht am echtesten französischen Romanes veranlassen. Wie nun dieser sein Werk unter andern zur Verherrlichung Franz I und seines Hofes anlegte — er gesteht es ausdrücklich, — so sah es jener auf eine poetische Erhebung Carls V ab. Es ist auffallend wie sich die Poeten in dem Lobe dieser beiden berühmten Gegner begegnen: wie einer und der andere versichert, der Name seines Helden werde die Geschichtsbücher füllen ([1]): man werde ihm die schönsten Zeiten, blühend in edlen Werken, verdanken: wie, nachdem Alamanni alsdann mehr die innern Einrichtungen, Tasso mehr die glücklichen Kriegsthaten seines Helden hervorgehoben, Beide darin übereinkommen dafs Jeder dem Sohne des seinigen die Eroberung des heiligen Grabes prophezeit. Übrigens führt Tasso in einer dem Ariosto augenscheinlich nachgebildeten Stelle die ganze Schaar seiner Freunde in das Gedicht ein.

Diesen modernen Beziehungen fügen sie antike Reminiscenzen in grofser Fülle bei. Bei Tasso finden wir nicht allein den ganzen Olymp sondern auch Camilla und Penthesilea, deren Ruhmesflamme noch leuchte, die Furien mit Schlangen behaart, den thracischen Orpheus, der sich nach der Eurydice sehnt. Über die Schönheit seines Amadis seufzt Ebne und Berg: ihn möchten zum Eidam haben Tethys und der Ocean mit dem ganzen Meer. Derselbe Amadis aber zweifelt ob für seine Geliebte die Verdienste eines Caesar und Achilles grofs genug sein würden. Bei Giron scheint von zwei Kämpfern ein Jedweder nicht allein ein Tydid, ein Ajax, ein Hector, ein Achilles, sondern ein Mars: Scythien und Numidien sind wegen der Tugend

---

([1]) Alamanni libro XIII. *Quante carte honorate s'empieranno*
Di dottissimo inchiostro a suo gran nome.
Tasso libro XLVII. — *Di colui ben colti carmi*
Lucide historie, che fian sempre nuove,
Il nome loderan.

Girons mit Neid erfüllt: keinen lybischen Tiger, keinen hyrcanischen Löwen kann man sich denken der dem Helden gleich sei. Diese Werke sind mit Anspielungen auf das Alterthum von Anfang bis Ende durchwebt. Zu ausführlichen Nachahmungen haben sie bei der Treue, mit der sie ihren Originalen folgen, wenig Raum. Doch bemerkt man z. B. in der Unterweisung Galaoros durch Perione bei Tasso die Nachahmung einer Stelle des Claudian, und in den Vergleichungen begegnet man wohlbekannten Stellen lateinischer Classiker bei dem einen wie bei dem andern nur zu oft.

Noch weit mehr aber ist Sinn und Geschmack des Jahrhunderts in unsere Poeten eingedrungen: und diesen den Werken mitzutheilen die ihnen vorliegen ist ihre eigentliche Arbeit.

Kleiner Umstände zu gedenken enthalten sie sich selbst da wo diese für Personen oder Sachen bezeichnend wären. Es ist dem Amadis eigen daſs seine Kraft im Kampfe zunimmt, und hieran läſst das Original die Kampfrichter erinnern wie sie ihn in groſser Gefahr sehen (1); bei Tasso dagegen sagt man ihnen nur: sein Muth ist unendlich, seine Stärke die äuſserste. Giron hat das Besondere daſs er seinen Feinden Anfangs oft lächelnd und mit wenig Ansehen von Muth antwortet: Alamanni verwischt dies und läſst ihn immer mit dem nöthigen Selbstbewuſstein auftreten.

Damit hängt zusammen daſs sie die Entwickelungen der Ereignisse oft nur summarisch behandeln. Die beiden alten Romane sind durch die Fülle eines naiven, aus sich selbst aufwachsenden, das Gemüth darstellenden Gespräches ausgezeichnet. Wie sehr hier das Italienische verwischt, kann man an einer Vergleichung des Ritterschlags, der Erkennung des Amadis bei Tasso und im Spanischen wahrnehmen. Wie Giron im Begriff ist Danayn zu tödten, vernachlässigt Alamanni das ganze Gespräch das zwischen ihnen vorfällt, obwohl gerade hiedurch gezeigt werden soll, wie Giron seine Leidenschaft bei der Erinnerung an das Gesetz überwindet. Aber selbst wenn Galaor und Florestan sich aus Eifersucht auf den Ruhm des Amadis tapfer zeigen, wenn Amadis das Schwert des Königs anzunehmen ablehnt, weil dieser es nie zu einem Zweikampf zu leihen gelobt hatte, gefällt es dem Erneuerer besser die Erfolge ohne dergleichen bestimmende Gründe zu erzählen.

---

(1) *Sempre parece* (im Kampf) *que la fuerça se le dobla*, sagt der Roman; Bernardo: *Infinito è suo ardir, la forza estrema.*

Dagegen substituiren sie dem einfachen Ausdruck — dessen sich der Autor des Amadis wenigstens bewufst ist: er sagt, er wähle ihn darum, weil Jugend und Leidenschaft sich einfach ausdrücke ([1]) — wo möglich das Glänzende. In die heitere Unschuld einer ersten Neigung zwischen Amadis und Oriana bringt Bernardo Tasso den ganzen Prunk antiker Erinnerung. So sieht er nach ihr „wie der Steuermann, wenn das aegeische Meer von entzweiten Winden gepeitscht wüthet und brauset, wenn das Schiff seufzt als wollte es sich über seine Mühsale beklagen, wie er dann die Augen auf den festen Stern, seine sichere Hoffnung, richtet und sein kühnes Fahrzeug dahin lenkt wo derselbe die nahe Küste hoffen läfst." Den Zweikampf zwischen Amadis und Canileo schildert der Spanier leichthin: schon von dem ersten Zusammentreffen sagt B. Tasso, er wisse nicht womit ihn vergleichen, zu wenig sei es mit Blitz und Donner, mit dem Wetterschlag der die Mauer niederwirft; wie sie aber dann zu den Schwertern greifen, und dem Spanier zufolge die Funken von Helm und Schwert sprühen, so dafs sie zu brennen scheinen, fährt er fort: „die ganze Stadt scheine zu Grund zu gehn: Meer und Küste dröhne: Abila und Calpe höre den Lärm und was hinter diesen Alpen: die Luft, ungewohnt eine solche Unbill zu erleiden, zische und murre: das Schwert scheine ein von höchsten Sphären niederfahrender Feuerstrahl." So ermüdet auch Alamanni nicht, die Schlacht mit dem Zusammentreffen der Winde und dem Sturm, den Zweikampf mit dem Streit von Stieren um ihre brüllenden Bräute zu vergleichen.

Das Allgemeine ist ihr Element. Ich bemerke, dafs sie sich, wie viele andere italienische Poeten, in einer nur sehr allgemein gehaltenen, aber oft ausschweifenden Beschreibung der Liebe, in einer Erinnerung an die alte Fabel des Amor gefallen. Es ist doch sehr besonders, dafs dort wo im Original Giron, wie Danayn sich ihm nähert, durch das Wiehern seines Pferdes aus seinen Gedanken aufgeschreckt wird und Danayn erkennt ([2]), statt dieses natürlichen Zuges bei Alamanni Amor es sein mufs, der zwar selber

---

([1]) *A cada cosa se deve dar lo que le convien.*

([2]) Giron le courtois: *Avoit laissé son penser par le hannissement du cheval.* Alamanni:
Tosto il geloso amor, ch'è per se cieco
Ma fa piu che cervier veder altrui,
A buon Giron mostrò chi fu costui.

blind, aber Andern das Auge schärft, durch welchen Giron seinen Nebenbuhler erkennt. An der Stelle des in seiner Einfachheit wohlgehaltenen Gespräches zwischen Giron und der Dame von Malvanc setzt Alamanni nur allgemeine Ausführungen von Amor, der aus dem steinigen Gebirg eine grasige Wiese mache, der auch Giron den Arm erhoben und das Schwert geschwungen, der ihn bald entzünde bald erkälte. So beschreibt Bernardo Tasso, wie Amor, in Oriana's Augen verborgen, diese so lieblich bewegt, daſs er dem Amadis Seufzer ablockt, aber auch das Fräulein nicht lange stolz dahingehn läſst, sondern ihr Herz mit dem Pfeile durchbohrt mit dem er selbst über den groſsen Jupiter und andere Götter gesiegt hat, und was dergleichen Thorheiten mehr sind, denen doch in wahrer Leidenschaft nichts entspricht, die man wohl gesagt sein lassen kann, aber darum nicht zu wiederholen braucht.

Ist nun in diesem Bemühen eine von der Anschauung des Besonderen abgewandte, von den Eindrücken des Allgemeinen durchdrungene Sinnesweise thätig, so ist dieselbe doch weit entfernt den fremden Stoff zu überwältigen; in der Betrachtung dieser Werke fällt uns nur der Contrast auf, in welchem sich die Behandlung mit ihrem Gegenstande befindet.

In der Entwickelung der Gesinnung des Jahrhunderts aber, in wie fern sie sich in dieser Gattung poetischer Werke ausspricht, tritt uns hier ein neuer Moment entgegen; neue Forderungen werden gemacht. In Hinsicht auf den Gegenstand die des Ernstes und der Tugend: in Hinsicht auf die Behandlung die der Einheit. Die erste stellt sich seit der Mitte des Jahrhunderts in allen Zweigen der italienischen Litteratur dar; wie denn überhaupt Sitte und Lehre durch die erwachte Beaufsichtigung der Kirche um vieles strenger wurden. Darum wählten unsre Poeten die Erzählungen von den musterhaftesten Rittern zum Gegenstand ihres Fleiſses. Bernardo Tasso den Amadis, von dem sein Sohn Torquato urtheilt, Dante würde sein verwerfendes Urtheil gegen diese Romane verändert haben, hätte er den Amadis von Gallien oder Grecia gelesen: so viel Adel und Standhaftigkeit erscheine darin. Alamanni aber bearbeitete Giron in der Absicht, an diesem Beispiele, wie er sagt, der Jugend zu zeigen wie man Hunger und Nachtwachen, Kälte und Sonnenschein zu ertragen, die Waffen zu führen, gegen Jedermann Gerechtigkeit und Frömmigkeit auszuüben und Beleidigungen zu vergeben habe: das böse Beispiel erwähne er nur damit man es fliehen lerne.

Die andere Forderung war ohne Zweifel von der Beschäftigung mit den lateinischen Dichtern hauptsächlich mit Virgil veranlafst. Indem man diese Muster vor Augen hatte, glaubte man weder die moralischen Einleitungen noch die steten Übergänge von einer Fabel zu der andern noch jenes mannigfach zertheilte Interesse, das noch Berni beibehalten, länger dulden zu dürfen. Alamanni hatte Muth genug die Einleitungen wegzulassen und eine einzige Fabel ohne besondere Einmischung fremdartiger Ereignisse von Anfang bis zu Ende fortzuführen. Freilich war sein Erfolg nicht geeignet Andere zu einem ähnlichen Verfahren aufzumuntern. Jedoch auch Bernardo Tasso hatte Unrecht sich durch denselben abschrecken zu lassen das zu thun was nun doch einmal gethan sein mufste. Er hatte sein Gedicht anfangs ganz eben so angelegt: und wenn es keine Wirkung hervorbrachte, so lag das ohne Zweifel an ganz andern Dingen als an dem Versuch einer einheitvollen Darstellung. Er ist wohl im Ganzen lebhafter und geistreicher als Alamanni, seine Verse sind wohllautender und periodischer gerundet; jedoch seiner Erzählung mangelt das innere eigene Leben. Da konnte es ihm wenig helfen dafs er seine Einheit wieder zerstörte, indem er eine fremde Fabel der alten einflocht; und seine bizarren Einleitungen, in denen er sich die nemliche Sache jedes Mal anders zu sagen befleifsigt, konnten ihn nicht halten.

Wie wenig aber auch diese Gedichte gelungen sind, so sind und bleiben sie doch, wie gesagt, für die historische Betrachtung höchst merkwürdig. Die Eigenthümlichkeiten des Romanzo, Mythe des Mittelalters, naive Darstellung, sinnlicher Reiz, Abwechselung, sind vernichtet. Dagegen sind die Fictionen des Alterthums, so zu sagen, zur Alleinherrschaft gelangt; der Bezug auf die Gegenwart erhält sich: die Darstellung ist auf Reflexion gegründet, und strebt nach rhetorischem Glanze: die Fabel soll zur Einheit erhoben werden, und das ganze Gedicht einen ernsten und würdigen Eindruck hervorbringen.

TORQUATO TASSO.

Es liegt am Tage, dafs die Tendenz jener Zeit schon nach einem ganz anderen Ziele hinging als welches auf diesem Wege zu erreichen war.

Wenn man sich der Antike in Ton und Geist der Bearbeitung so nahe anschlofs, warum ahmte man sie nicht auch im Grofsen und Ganzen nach? Warum ergriff man nicht gleich von Anfang diesem Geist angemessene antike Stoffe? Warum versuchte man nicht geradezu epische Gedichte im Sinne der Alten?

In der That konnte dies nicht ausbleiben. Es traten Dichter auf welche sich streng an das Muster der Alten ja an die Regeln des Aristoteles banden. Der Costante des Bolognetti, der Ercole des Giraldi machen den Anspruch eigentliche Heldengedichte zu sein. Ohne Zweifel das merkwürdigste Werk in dieser Gattung ist die *Italia liberata* von Johann Georg Trissin. Trissin war ein großser Nachahmer der Alten; er hat Tragödien mit dem antiken Chor, theokriteische Idyllen, horazische Oden versucht; er hat es sich endlich zwanzig Jahre Arbeit kosten lassen um seine Nation mit einer echten Epopee zu bereichern. Er hielt sich hiebei so nah wie möglich an Homer: er wählte sogar den reimlosen Vers.

Alle diese Arbeiten aber hatten nicht den mindesten Erfolg. — Das Publicum war nun einmal an die Ottave gewöhnt: es hatte keinen Sinn mehr für die naive Darstellungsweise, wie sie Trissin wieder aufbrachte; die Regelrechtigkeit schien ihm ermüdend und langweilig; diese Dichter scheiterten vollständig.

Es giebt Epochen in dem Leben eines Volkes, in denen die Lösung einer literarischen, einer poetischen Aufgabe eine allgemeine Nationalangelegenheit wird. Das damalige Italien, wo sich der Geschmack von der romantischen Dichtungsweise so entschieden abgewandt hatte, wurde lebhaft von der Frage beschäftigt, ob es in einer neuen Sprache ein Epos nach dem Muster der Alten überhaupt geben könne. Nachdem jene Versuche mifslungen, hielt man fast dafür, es sei unmöglich. Unter andern glaubte man zu finden, dafs der hexametrische Rhythmus und ein gröfserer Consonantenreichthum das Latein zu einem kriegerischen, einem Heldengedicht, welches allerdings Einheit fordere; die gröfsere Fülle der Vocale dagegen und der Reim das Italienische zum Ausdruck der Liebe, der nur in einem weniger streng gehaltenen Poëme möglich sei, geeigneter mache. Jedoch auch die entgegengesetzte Meinung behielt ihre Verfechter. Wenn Vida einen Dichter erziehen will, gleichviel in welcher Sprache, so läfst er ihn vor allem Virgil studiren, den er den unbezweifelten Sohn des Apollo nennt: vor allem, ruft er aus, verehre den Maro, ihm folge allein und wandle auf seinen Fufstapfen. Vidas Poetik schliefst mit einer Art Apotheose dieses Dichters. Die Poetik des Aristoteles ward auf den Universitäten erklärt, und man konnte sich noch so wenig in dieser Disciplin wie in andern von seiner Autorität losmachen. Seine Aussprüche wurden den Gesetzen der Natur gleich geachtet.

In diesem Augenblicke faſste ein junger Mensch, von achtzehn Jahren, der aber bereits von diesen litterarischen Streitigkeiten mannigfaltig berührt worden, die Absicht ein Heldengedicht zu versuchen, doch auf einem neuen, von allen bisherigen abweichenden Wege.

Es war der Sohn Bernardo Tassos, Torquato Tasso, der damals auf der Universität Padua studirte. Bernardo hatte gewünscht, sein Sohn möchte sich juridischen Studien und nachher einer denselben angemessenen Laufbahn widmen. Wollen wir aber die Wahrheit sagen, so hatte die Erziehung die der Jüngling empfangen, ihn nicht dazu vorbereiten können. Bernardo führte ein herumirrendes Leben: Torquato begleitete ihn, wie Ascanius, sagt er einmal, den Aeneas. Aus einer Jesuitenschule in Neapel war er in seinem zehnten Jahre nach Rom gebracht worden; von da hatte er seinen Vater erst nach Bergamo, dann nach Pesaro, endlich nach Venedig begleitet: halb Italien hatten sie durchstreift. Diese Unstätigkeit des Aufenthalts, die damit verbundene Mannigfaltigkeit der Eindrücke, die Stimmungen wie sie in Verbannten abwechseln, zumal so lange sie noch hoffen und von irgend einer günstigen Wendung der Dinge, einem zufälligen Ereigniſs ihr Glück erwarten, konnte keine Neigung zu ernsten abgezogenen Studien in ihm pflegen. Überdies hatte er von früh auf an den poetischen Arbeiten seines Vaters Theil genommen: er hatte ihm einige Abschnitte des Amadigi ins Reine geschrieben, die Correspondenz — damals ein so bedeutender Theil der litterarischen Thätigkeit — besorgen helfen: hiedurch war frühzeitig sein eigenes Talent erweckt worden: dem dann ein empfängliches, reizbares, zu Liebe und Melancholie geneigtes Gemüth reichlich Stoff und Nahrung gab: von dem Reize der für den jugendlichen Ehrgeiz in der Beschäftigung mit der Litteratur liegt, war er ergriffen und hingerissen. Wie natürlich daſs nun eine etwas trockene Beschäftigung ihn nicht anzog, daſs die Vorlesungen Pancirolos keinen Eindruck auf ihn machten: er wollte das Jus gar nicht einmal als eine Wissenschaft anerkennen: seine Seele war schon von einem Gegenstande erfüllt und gefesselt. Nach einem kleineren Versuche, in dem er sein Talent erprobte, faſste er den Plan der sein ganzes Leben erfüllt, dessen Ausführung ihn den berühmten Namen aller Zeiten beigesellt hat.

Er beschloſs die Eroberung Jerusalems in dem ersten Kreuzzuge zum Gegenstand eines Heldengedichts zu machen.

Auch ein poetisches Werk wird in den Zuständen der neuern Zeit ohne ernstliche innere Anstrengung schwerlich zu besonderer Bedeutung gelangen: Tasso wenigstens versäumte nicht sich mit Eifer und Nachdenken zur Ausführung seines Entwurfes vorzubereiten. Er widmete sich philosophischen, poetischen, litterarischen Studien: er versäumte nicht sich mit den Zeitgenossen in Berührung zu setzen welche sich mit ähnlichen Versuchen beschäftigten, und seine Meinung gegen die ihre zu erproben. Schon war er einst während eines Aufenthaltes in Urbino zur Composition geschritten, als er es für gerathen hielt noch einmal zu theoretischen Vorbereitungen zurückzukehren. Er ist einer von den wenigen productiven Geistern die von der Theorie ausgegangen sind und zuvörderst diese in sich auszubilden, zu voller Überzeugung zu bringen gesucht haben. In seinem einundzwanzigsten Jahre, 1564, verfaſste er eine ausführliche Abhandlung über das heroische Gedicht — *Discorsi del poema heroico* — die wohl nicht gerade wegen einer besonders tiefen und in sich bedeutenden Ergründung des Gegenstandes merkwürdig ist, sondern dadurch, daſs sie uns die Gedanken eröffnet die seiner poetischen Arbeit vorausgingen und derselben zu Grunde liegen.

In jenem Streite zwischen Epos und Romanzo hatte sich in Tasso die Meinung entwickelt, und dies ist die vornehmste Idee die er vorträgt, daſs es möglich sei die Vorzüge beider Gattungen zu vereinigen. „Das groſse Publicum," sagt er, „verwerfe die Einheit der Fabel, aber nur darum weil es in den Gedichten, wo man sie beobachtet habe, zugleich auf unpassende Sitten und unglückliche Erfindungen stoſse. Dagegen werde von den Gelehrten die Mannigfaltigkeit ritterlicher Abenteuer verschmäht hauptsächlich deshalb weil in den Werken wo sie vorkomme die Muster des Alterthums und seine Regeln verletzt seien. Frage man ihn, wen man nachahmen solle, die alten Epiker oder die modernen Romanzatoren, so sei er der Meinung, daſs man sich beiden anzunähern habe." Und so unterwirft er sich den Regeln des Aristoteles: er erkennt die Mustergültigkeit Virgils an; aber er hält zugleich dafür, die Einheit, Würde und Wahrscheinlichkeit der Antike lasse sich recht gut mit modernen Gebräuchen und romantischen Dichtungen vereinigen. Er findet diese Ansicht auch von einem höheren Standpunct aus zu rechtfertigen. „Die Welt," sagt er, „ist so höchst mannigfaltig, und doch ist es ein einziger Knoten der alle ihre Theile in einmüthiger Zwietracht verbindet. Der Poet heifst darum göttlich weil er sich dem höchsten Werkmeister nähert. Ohne Zweifel kann er ein Gedicht bilden in welchem man wie in einer kleinen Welt hier Rüstungen, Schlachten zu Land und See, Eroberungen, Duelle, Turniere, Beschreibungen von Stürmen und Feuersbrünsten, Hunger und Durst, dort aber Versammlungen im Himmel und in der Hölle, Entzweiungen, Irrfahrten, Abenteuer, Zaubereien, grausame und kühne Thaten, Courtoisie und Edelmuth, glückliche und unglückliche Ereignisse der Liebe findet, und worin doch alles auf eine Weise verknüpft wird dafs eins von dem andern mit Nothwendigkeit oder Wahrscheinlichkeit abhängt und alles eine Einheit bildet."

Es waren diese und ähnliche Gedanken die der junge Poet seinem Vater, der für seine letzten Jahre eine Freistatt in Mantua gefunden, bei einem Besuche daselbst vortrug. Bernardo hatte im Amadigi andere Grundsätze befolgt, und, wie berührt, die Einheit die in seinem Stoffe lag, absichtlich wieder zerstört, in der Meinung dafs sie bei dem Publicum keinen Beifall finden würde. Torquato legte ihm jetzt seine Theorie mit alle dem Eifer eines von einer neuen Ansicht ergriffenen jugendlichen Geistes vor, und es scheint wohl als habe ihm der Vater zuletzt Recht gegeben. Bernardo sagte, die Liebe zu seinem Sohne vertilge in ihm die Vorliebe die er für sein Gedicht hege: die Unvergänglichkeit seines eigenen Namens liege ihm nicht so sehr am Herzen wie das Ansehen und der Ruhm seines Sohnes.

Dergestalt in seinen Meinungen befestigt, ging Torquato Tasso, als er im Jahr 1565 einen Platz an dem Hofe von Ferrara gefunden, an die Ausführung seines Werkes: eben so bedachtsam wie er es entworfen: zehn Jahre lang, wiewohl natürlich mit Unterbrechungen, hat er daran gearbeitet. Es ist wieder ein lebendig denkender Mensch: er schlägt einen neuen Weg ein; und es ist sehr der Mühe werth die Bestandtheile und die Zusammensetzung seines Gedichtes näher zu betrachten.

Da ist nun zuerst der Stoff merkwürdig den er sich gewählt hat. Allerdings ist derselbe historisch, und Tasso giebt viel darauf dafs er sich bei dieser Wahl dem Muster des Alterthums anschliefse: wie ja auch der trojanische, der thebanische Krieg, die Ankunft des Aeneas in Italien historisch seien. Allein obwohl historisch, hat doch sein Stoff das Eigene dafs er zugleich dem romantischen, den die Romanzatoren, wie er sie nennt, bearbeitet haben, unendlich nahe verwandt ist. Die Eroberung von Jerusalem ist das Ereignifs aus dessen Idee und Nachwirkung jene alten romantischen Gedichte grofsentheils entsprungen waren; — an das sich selbst die Sage von Orlando anschliefst. Indem Tasso die Fabeln der Romantik verläfst, wendet er sich, von einem glücklichen Genius geführt, zu demjenigen Ereignifs das die weltgeschichtliche Grundlage derselben ausmacht, und ihre wesentlichsten Elemente, die Ausbreitung des Christenthums durch das Schwert, den Kampf mit dem Mahometanismus, in sich enthält.

Bei der Bearbeitung dieses Stoffes nun folgt Tasso zunächst dem Guilelmus Tyrius, den er bei weitem mehr vor Augen hat als etwa, wie man geglaubt, Benedetto Accolti. Nicht allein in dem ersten Entwurf, von dem noch eine Anzahl Stanzen übrig sind, sondern auch in der spätern Bearbeitung der *Gerusalemme liberata* selbst nehmen wir zahlreiche Spuren einer unmittelbaren Benutzung dieses Autors wahr ([1]), wie das Capitel eben dem Dichter vorlag. Zu vielen Erzählungen Tassos finden sich bei dem Geschichtschreiber die nächsten Anlässe, z. B. gleich zu der Schilderung und Rede der ägyptischen Gesandten, zu dem Scharmützel in welchem Dudo fällt u. s. w. Hie und da wo Tasso abweicht hat er die Sache nur aus früheren Momenten, etwa der Belagerung von Antiochia herübergenommen. — Aber schon diese erste positive Grundlage ist durchdrungen von romantischem Geist:

([1]) Z. B. vergleiche man nur *Belli sacri* lib. VII c. 21 mit Canto I 76-79. Gleich das Betragen des Satrapen von Tripoli: Tasso scheint der Versification zu Liebe hie und da abzuweichen. Ferner: *A certis quibusdam fidelibus, Seyr montis habitatoribus, qui urbibus illis a parte supereminet orientali excelsus admodum — qui ad eos gratulabundi descenderant etc.*

Qui del monte Seir, ch'alto e sovrano
Dall'oriente alla cittade è presso,
Gran turba scese de fedeli al piano.

Diese Christen werden die Wegweiser des Heeres: *Viam commendaverunt maritimam, ut et directiorem sequerentur, et navium suarum, quae proficiscentem sequebantur exercitum, eis solatium non deesset:*

Conduce ei sempre a le marittime onde
Vicino il campo per diritte strade,
Sapendo ben che le propinque sponde
L'amica armata costeggiando rade.

So geht es nun weiter bei der Beschreibung der Schiffe, des Transportes.

wäre die Bearbeitung auch vollkommen in classischem Sinne, so würde sie doch diesen Gehalt nicht vernichten können.

Tasso war nun aber auch weit entfernt das zu wollen. In die überlieferte Erzählung verwebte er nach dem Muster der früheren Romanzatoren Zauber und Feerie. Er nahm nicht selten ihre Erfindungen geradezu herüber. So ist Armida, die in seiner Fabel eine so grofse Rolle spielt, aus Florisel de Niquea, von Feliciano de Silva, dem neunten und zehnten Theile des Amadis entnommen ([1]). Bei Silva befreit Amadis die von Armida gefangenen und mifshandelten Ritter: Armida mufs ihn dessenungeachtet lieben und zwar ohne Erwiederung: so dafs sie die Schmerzen der Verschmähung, die sie Andern muthwillig gemacht, selbst in hohem Grade zu empfinden bekommt. Es ist augenscheinlich dafs dies die Grundlage zu dem Abenteuer des Rinald bildet, der eben auch die Ritter befreit welche Armida an sich gezogen und gefesselt hat, der alsdann zwar von ihr verlockt, aber nicht, wie sie beabsichtigte, bestraft, sondern vielmehr von ihr geliebt wird, sich aber zuletzt von ihr losreifst und sie verläfst. Tasso hat nun auch noch manche andere fremde Erfindungen in diese Dichtung verflochten. Wie die Armida Tassos von ihrem Oheim, so war die Angelica Bojardos von ihrem Vater abgesendet nnd mit Zauber ausgerüstet um die feindlichen Ritter zu verführen: ihre Reize und Wollüste erinnern unwillkürlich an Alcina. Und auch ernstere Momente entnahm Tasso aus seinen romantischen Vorgängern. Wenn Ginguéné bemerkt, dafs die Taufe Clorindens vor ihrem Tode ein Vorbild in der Spagna habe, so kann man hinzufügen, dafs das in allen romantischen Gedichten eine herkömmliche Form der Aussöhnung des Siegers mit seinem sterbenden Feinde ist.

Erweiterte dergestalt Tasso seine ritterliche Historie durch anderweite Zusätze in diesem Geist, so gab ihm dazu das Leben, das sich dieser Richtung noch nicht ganz entfremdet hatte, Antrieb und Veranlassung. Noch immer kamen in Italien öffentliche Ritterspiele vor. Im Jahre 1562 z. B.

([1]) Auf diese Quelle hat zuerst Schmidt in einer Recension des Dunlop (Wiener Jahrbücher XXXIII p. 55) aufmerksam gemacht. Unsere Stelle findet sich *Amadis de Gaul* IX p. 288. Die bestimmte Nachahmung zeigt sich gleich von Anfang. Bei Silva ist Armida die Tochter „*d'une duchesse — grande magicienne*": sie ist „*tant fiere et glorieuse de sa beauté qu'elle dedaigna tous.*" Bei Tasso ist sie Tochter eines Königs „*famoso e nobil mago*": sie ist „*di sua forma altera e de'doni del sesso e dell'etate* (libro IV). So geht das weiter.

wird auf dem *Largo di S. Domenico* zu Neapel eine Brücke aufgeschlagen zur Nachahmung der Brücke des Rodomont bei Ariost: Vincenz und Carl Spinello bestanden hier einen Kampf gegen 50 neapolitanische und spanische Cavaliere. Als Tasso 1565 in Ferrara anlangte, fand er Hof und Stadt mit Vorbereitungen zum Empfange der neuen Herzogin, Barbara von Östreich, beschäftigt; es wurden die glänzendsten Ritterspiele gehalten: ein Turnier in dem Hofe des Pallastes, an welchem 100 Ritter Theil nahmen. Es ist wohl wahr: dies waren nicht unmittelbare Äufserungen und Hervorbringungen des Lebens: sie waren schon durch das Medium der Poesie durchgegangen, Rückdarstellungen aus derselben; aber der öffentliche Geist hatte doch noch sein Vergnügen daran: sie mufsten einen jungen Poeten entzücken, der hier noch auf die Dinge selber zu stofsen glaubte, mit deren Beschreibung er sein Werk ausschmücken wollte. Analoge Zustände, Begegnisse fehlten dann auch nicht und erregten seine eigene Erfindungsgabe.

Wollte Tasso nun sein Vorhaben ausführen, Romanze und Epos zu vereinigen, so kam es zunächst darauf an ob es ihm gelingen würde die Mannigfaltigkeit der Ereignisse und Erfindungen nach den antiken Mustern zur Einheit einer Handlung zu verbinden.

Recht methodisch unterschied Tasso, wie seine Discorsi lehren, vier Theile einer wohlzusammengesetzten Handlung. Den ersten, bestimmt die Lage der Dinge vorzustellen: den zweiten, in welchem die Handlung in Verwirrung gerathe: den dritten, worin sie sich zu einem glücklichen Gange wende: den vierten endlich, worin sie zu ihrem Ziel und ihrer Vollendung gelange. Er nennt sie Einleitung, Verwirrung, Wendung, Schlufs. Diese vier Theile lassen sich nun in seinem Gedicht ohne viel Mühe nachweisen. Die drei ersten Gesänge, in welchen die Fäden des Gewebes angeknüpft werden, und das Heer, vor Jerusalem angelangt, schon die Belagerungswerkzeuge bereitet, bilden die Einleitung. Wie sich die unterirdischen Gewalten gegen das Unternehmen rüsten, derjenige hinweggeführt wird ohne den es nicht gelingen kann, Unglücksfälle und hindernde Bezauberungen folgen, — so dafs ein griechischer Führer sich bereits hinwegbegiebt, und die Franken insgesammt abzuziehen wünschen: diese Verwirrung der Handlung stellt ein zweiter Theil, vom vierten bis gegen das Ende des dreizehnten Gesanges dar. Auf die gröfste Gefahr folgt unmittelbar die Wendung der Dinge: ausdrücklich heifst es: „bis hieher die Unglücksfälle; jetzt beginne eine neue Ordnung, Glück und Fortgang." In dem dritten Theile, bis in die Mitte des achtzehnten Gesanges, wird der Held zurückgeführt, und die Zauber werden gelöst. Hierauf fügt der vierte die glückliche Beendigung des grofsen Unternehmens hinzu. Vielleicht ist Tasso der erste der ein erzählendes Gedicht nach einer so regelmäfsigen Disposition ausführte. Er gab sich die gröfste Mühe alle Episoden diesen Hauptmomenten der Handlung unterzuordnen, mit ihnen in Einklang zu erhalten.

Und diese Regelmäfsigkeit des Entwurfs ist nicht etwa das Einzige worin er sich der Antike anschlofs. Auf die gesammte Bildung seiner Fabel und ihre Zusammensetzung auch im Einzelnen hatten die Dichter des Alterthums unverkennbaren und ohne Zweifel einen noch wahrhafteren Einflufs als die Romantiker.

Rinald, schön, stark und leidenschaftlich wie Achilles, hauptsächlich die Fabel wie durch seine Entfernung Unheil über die Belagerer kömmt und seine Rückkehr das Glück bringt, sind ohne Zweifel dem Homer nachgeahmt. Der Zweikampf Argantes und Tancreds und die Endigung desselben durch das Dazwischentreten der Herolde ist dem Zweikampf zwischen Ajax und Hector unverholen nachgebildet. Herminia zeigt dem belagerten König die Schaaren der Franken, wie Helena dem alten Priamus die griechischen. Von vielen Gleichnissen, wie etwa von dem Pferd das sich seiner Bande entledigt und muthig in dem Gefilde erscheint u. s. w. ist der eigentliche Autor am Ende doch Homer, obwohl Tasso zunächst dem Virgil folgt.

Die Discorsi zeigen, welch ein entschiedener Verehrer Virgils Tasso war. Es ist fast keine Lehre die er giebt zu der ~~er~~ nicht das Muster in diesem Dichter fände. Wenn er es aber auch nicht ausdrücklich sagte, so würde sein Gedicht es zeigen, das mit Virgilischen Erinnerungen erfüllt ist. Schon sein Held hat in Aeneas, in welchem, wie Tasso selbst sagt, „Pietät, Religion, Enthaltsamkeit, Stärke, Grofsmuth, Gerechtigkeit und jede andere ritterliche Tugend" dargestellt werden, sein Vorbild; nur darin übertrifft Gottfried den Trojaner noch dafs er auch der Verführung der Liebe unzugänglich ist. Diese Nachahmung geht bis ins Kleinste. Mit den Worten des Aeneas tröstet Gottfried die entmuthigten Gefährten: so streckt er seine Arme dreimal nach dem ihm im Traume erscheinenden Freunde aus: so unerschrocken gebehrdet er sich, wie er verwundet wird: so wird er geheilt, ihm thut der Schutzengel den Dienst den Venus bei Virgil dem Aeneas erweist, und pflückt ihm Dictamnum vom Ida: Erotimus, sein Arzt, ist nur eine Wiederholung des Japyx. Und von wie viel andern Fictionen findet sich die Grundlage in Virgil! Ganz anders als bei Ariost, und zwar oft nur in umschreibender Übersetzung mit veränderten Namen erscheint die Fabel des Nisus und Euryalus in dem nächtlichen Auszug der Clorinde bei Tasso. Auch die frühere Geschichte dieser Heldin ist in mehreren wesentlichen Theilen der Erzählung von Camilla entnommen. Mit Gildippe wird Clorinde verglichen wie Pallas mit Lausus: „der Himmel gestattet ihnen nicht sich mit einander zu messen, und bewahrt sie gröſseren Feinden auf." Das Gespräch zwischen Argante und Orcan ist aus dem Streite zwischen Turnus und Drances: der jugendlich schöne Page des Sultan aus Chloreus, Priester der Cybele, ausgebildet. Argillan wird, wie Mezentius, seines zukünftigen Geschickes erinnert, und antwortet darauf ganz wie dieser. Aus Virgil sind die Brüder welche oft von den Eltern verwechselt werden: „jetzt macht die Art der Verwundung zwischen ihnen einen entsetzlichen Unterschied." Der Greis welcher die Rinaldo suchenden Botschafter in die Tiefen der Erde führt, wo sie die geheimen Quellen der Flüsse sehen, ist die Cyrene aus Virgils Landbau. Klagen und Drohungen der Armida nach der Entfernung des Rinald sind gröſstentheils wörtlich die der Dido. Wie die geöffneten Augen Neptun und Juno bei Troja, so sehen sie hier schon verstorbene Helden an der Erstürmung Jerusalems Theil nehmen. Genug, auf die Erfindung unsers Dichters, die Ausbildung seiner Fabeln hatte Virgil ungemeinen Einfluſs. Aber auch viele Beschreibungen, Gleichnisse, Sentenzen, einzelne Redeformen, uns von den Studien unsrer Jugend her wohlbekannt, begegnen uns in der *Gerusalemme* wieder. Jene glänzende Schilderung des Hafens von Carthago, die Tasso in den Discorsi höchst göttlich findet — *divinissima* — versäumte er nicht aufzunehmen: er brachte sie bei seinen glücklichen Inseln an. Die Abbildung der Schlacht von Actium, der Schiffe, die losgerissenen Cycladen gleichen, nahm er herüber: auf die Meerenge von Gibraltar wandte er an was Virgil von der sicilischen gesagt hat. Die Vergleichungen des Helden in seinem überwältigenden Siegeslauf mit dem Felsenstück das losgerissen Waldungen zertrümmert, des selbständigen Mannes mit der Klippe am Meer der die Drohungen von Wind und Wellen nichts anhaben, des Verwundeten mit dem Träumenden der seine Glieder regt und sie nicht zu bewegen vermag, und wie viele andere, sind wörtlich aus dem Latein entnommen. Die Fama, die eben so gut die Lüge meldet als die Wahrheit, — die Jugend, welche in schönem Körper liebenswürdiger erscheint, — der Liebende, welcher klagt wenn der Tag geht und wenn er wiederkehrt, — jene Botschafter, die in unbekannten Kleidern kommen, — die abgehauene Hand, die noch nach dem Schwerte faſst, — genug, eine Menge Einzelnheiten die an sich von einem Jeden wiedererfunden sein könnten, sind doch bei ihm durch Wahl und Stellung der Wörter als Nachahmungen und Wiederholungen des Virgil zu erkennen. Tasso rühmte sich eines glücklichen Gedächtnisses; er hat Stellen von drei- bis vierhundert Versen ohne Anstoſs zu recitiren gewuſst: es ist offenbar daſs bei der Ausarbeitung seines Poems sein Gedächtniſs vielleicht nur allzu beschäftigt war.

Denn Virgil und Homer sind nicht die einzigen Alten aus denen er schöpfte. Die Beschreibung des ägeischen Meeres, das noch in Bewegung ist nachdem die Stürme aufgehört haben, die etwas spielende des Mäander der zu seinen Quellen zurückkehrt, sind aus Ovid. Die Vergleichung welche Gernando zwischen seinen und Rinaldos Ansprüchen anstellt, ist der in den Schulen berufenen Rede des Ajax gegen Ulysses in den Metamorphosen nachgebildet ([1]).

Nicht selten ward auch Lucan benutzt. Ihm gehört nicht allein der Comet „der die Reiche ändert", die Beschreibung des Heerführers der den Aufruhr beschwichtigt, sondern auch der schreckenvolle Hain, den Niemand berühren mag, die mannigfaltige Mischung der Stimmen, vor denen sich Alle die sich nähern entsetzen, und zum Theil die Anrufung des Ismen: die Rede Gottfrieds vor dem letzten entscheidenden Kampfe ist wörtlich die Rede Cäsars vor der pharsalischen Schlacht. Von mehr als einem Concetto in dem sich Tasso zu gefallen scheint, sind Lucan oder Claudian die eigentlichen Urheber.

Übrigens sind historische Ereignisse, wie der Busen in welchem Krieg und Frieden gebracht wird, unverhüllt eingeführt, berühmte Worte, wie *Veni vidi vici*: Sentenzen, selbst des Aristoteles, z. B. aus der Metaphysik: die Seele sei Gott gegenüber dem Nachtvogel gleich, der in die Sonne schaue.

([1]) Ich halte nicht für nöthig, die Stellen der Classiker nach Buch und Vers zu citiren; die meisten sind sehr bekannt: die übrigen weist jeder Index nach.

Das Wunder der Geburt der Clorinde, der weifsen Tochter schwarzer Eltern, ist aus dem Heliodor.

Torquato Tasso war davon durchdrungen dafs immer das Vortrefflichste dargestellt werden müsse. „Unter den schönen Dingen", sagt er, „wähle der Poet die schönsten, unter den grofsen die gröfsten, unter den wunderbaren die wunderbarsten, und diesen wunderbarsten suche er noch Neuheit und Gröfse zu vermehren." Es ist, wenn wir nicht irren, zwischen dem Idealen und dem Höchstvollkommenen, so nahe sie auch einander berühren, noch der Unterschied: dafs jenes aufserhalb, dieses innerhalb der Erscheinung liegt: jenes erfunden, dieses aufgesucht werden mufs. Tasso bezeichnet dort nicht sowohl jenes als dieses. Damit mag es zusammenhangen, dafs er es, wo er es auch finde, sich aneignet.

Tasso beabsichtigte, wie wir sahen, ursprünglich nur einen historisch-romantischen Stoff nach den Regeln der Epopee zusammenzusetzen: auf die Weise aber wie er das anfing, hatte er die Elemente zwei verschiedener poetischer Welten mit einander vereinigt. Er ist bei weitem nicht ein Dichter der uns durch eine freie Hervorbringung der Phantasie zu ergötzen suchte: er ist zugleich ein Gelehrter der einen sehr mannigfachen poetischen Stoff herbeigeschafft, sich angeeignet hat, und nun bemüht ist ihn kunstgerecht und angenehm vorzulegen.

Jedoch würden diese in so verschiedenen Zeiten, so verschiedenen Weltzuständen entsprungenen Phantasien sich wechselseitig abstofsen, grell aus einander treten, wofern es nicht ein drittes Element gäbe, in welchem sie sich berührten, durchdrängen. In diesem wird alsdann auch die Eigenthümlichkeit des Poeten am meisten zu erkennen sein.

Das ist nun aber zuerst christliche, modern katholische Auffassungsweise und Mythologie. Die alten Romanzatoren, wie wir an Pulci, Ariosto sahen, setzten sich bei der Behandlung des Stoffes in Widerspruch mit der bestehenden Kirche, und machten ihr auf ihre Weise den Krieg. Die Zeiten aber wo diese Tendenzen nicht allein geduldet wurden, sondern auch in dem grofsen Publicum Anklang und Billigung fanden, waren vorüber. Zuerst hatte die neulateinische Poesie, die Anfangs auch auf ganz entgegengesetzten Bahnen gewandelt war ([1]), christliche Stoffe ergriffen und sie der Forde-

([1]) Fracastoro z. B. läfst die syphilitische Pest entstehen nachdem Jupiter, der Allen gü-

rung ihres Inhaltes gemäfs zu behandeln versucht. Sannazar von der Geburt der Jungfrau, die Christias des Vida hatten den Beifall der Gelehrten und der Kirche erworben. Auch von dieser Seite empfahl sich nun der Gegenstand den Tasso gewählt: er war historisch nach der Forderung der Antike, romantisch, aber zugleich auch christlich. Eben deshalb ergriffen ihn, als der öffentliche Geist sich auf das Ernste und Religiöse zu wenden anfing, mehrere Dichter zugleich. Girolamo Muzio z. B., der nur davon abstand, weil er hörte, Tasso sei ihm zuvorgekommen: auch Angelo da Barga schon im Jahre 1560; aber dieser liefs sich um so weniger stören da er den ganzen Zug von Anfang bis zu Ende schilderte, nicht einen Abschnitt, wie Tasso. Wir haben das Werk des Angelus Bargaeus: in der Vorrede eröffnet er uns das Motiv seiner Wahl. Er wolle, sagt er, ein Gedicht machen in welchem alles christlich sein solle (¹): er wolle, als ein Christ, lieber ein wahres Ereignifs christlich behandeln als in einem erlogenen Argument einen wenig christlichen Ruhm suchen. Auch Tasso fafste seine Aufgabe von allem Anfang zugleich von dieser Seite. Deshalb gab er seinem Helden aufser den Tugenden des Aeneas auch noch geistlich-würdige Eigenschaften: Gottfried ist, wie ein Heiliger, satt der Welt und ihres vergänglichen Vergnügens; wenn er redet, predigt er gleichsam. Betrachtet man die Hauptmomente der Fabel in der *Gerusalemme*, so sind sie insgesammt aufserweltlich. Die Handlung beginnt durch einen unmittelbaren Beschlufs Gottes mit der Sendung eines Engels: durch die Eingriffe einer fürchterlichen und erzürnten Hölle wird ihr Fortgang gehindert. Gott selbst mufs durch sein Wort den glücklichen Lauf der Begebenheit herstellen: von dem Traume den er sendet, geht die Wendung der Dinge aus. Bei der endlichen Eroberung ist der Erzengel Michael, es sind die verstorbenen Mitkämpfer, ja ganze Schaaren

tig wäre wenn das Schicksal es verstattete, und Mavors, den nach Blut und Rache gelüstet, mit dem alten Saturn, der noch immer seinen Sohn nicht als Herrn anerkennen will, das Schicksal um Rath gefragt haben.

(¹) *Angeli Bargaei Syrias: Praef.* „*ut si fieri posset poema extaret in quo nihil non christianum esset.*" Merkwürdig ist, dafs das Gedicht ursprünglich auf 13 Gesänge berechnet war, wie man in der ersten Ausgabe der zwei ersten Gesänge wahrnimmt; dafs der Autor aber nur zwölf zu Stande brachte; im zwölften ist der Schlufs des Ganzen, die Eroberung, nur sehr summarisch behandelt: — wahrscheinlich wollte der Verfasser doch mit Tasso, der ihm zuvorgekommen, nicht in die Schranken treten.

von Geistern zugegen. Dem Dichter kommt zu Statten daſs hiebei das Wunderbare eine groſse Rolle spielt: erst dadurch wird es ihm möglich die Zauberei einzuflechten: er würde es nicht wagen, wenn sie nicht den bösen Gewalten untergeordnet wäre. Die Phantasie des Dichters hat, wie man sieht, eine devote Richtung.

Hiemit stimmt es nun überein daſs Tasso von Anfang bis zum Ende eine gewisse Würde und Hoheit behauptet. Er ist davon durchdrungen daſs das epische Gedicht einen Ausdruck fordere den er mit „*Magnifico*" bezeichnet. Daher kommt es daſs er jenes *Tacque* oder *Disse* so feierlich wiederholt, daſs er seine Personen durch den Zusatz von *Gran* zu heben sucht. Es tritt selbst in dem Bau seiner Stanze hervor, in welchem er nach dem Rathe eines oder des andern Zeitgenossen die abgekürzten Worte vermeidet, lange in das Ohr fallende Ausdrücke gern anbringt. Am meisten zeigt es sich in der Vermeidung des Details, wie ihm hierin sein Vater, Berni und Alamanni vorangegangen waren. Er ist weit entfernt sich in die Anschauung zu vertiefen wie Ariost, und die Erscheinung in ihrer Farbe und wechselnden Form reproduciren zu wollen: selbst da wo er aus seinem Historiker schöpft und dessen Worte beibehält, faſst er das Einzelne abstrahirend zusammen um einen allgemeinen Eindruck hervorzubringen. Die naive Darstellung welche Trissin beliebt hatte, war ihm widerwärtig: „Wie könne man eine Königstochter heut zu Tage darstellen wollen wie die homerische Nausikaa." In alle dem hielt er sich an den Vorgang und das Muster Virgils.

Und hier kommen wir noch auf eine andere, die Natur seines Geistes so wie die allgemeine Verwandlung die in dem literarischen Geschmack vor sich ging, näher bezeichnende Eigenthümlichkeit.

Allerdings hat Tasso fremde Werke vor Augen: er ahmt sie nach: aber wie sehr würden wir ihm Unrecht thun, wenn wir glauben wollten, er folge seinen Vorbildern blindlings, unbedingt. Wie sehr unterscheidet er sich hier von seinem Vater! Auch er ahmt, wie dieser, einen Theil des Amadis nach: Feliciano de Silva, wie wir sahen: aber er nimmt daraus doch nur die äuſseren Umrisse der Fabel, Namen und Idee der Heldin. Wenn dann jener Autor dort unter andern in dem verzauberten Schloſs der Armida Hunderte von Rittern Klaggeschrei ausstoſsen und die Hand gegen das Herz bewegen läſst, so ist er in der Schule der Alten zu gut gebildet als daſs er an einem so seltsamen Pathos Gefallen finden sollte. Der Zauber seiner Armide ist durchaus menschlich. Es ist die Natur Tassos, das Ungeheure, Wildphantastische, Ungestalte zu vermeiden. Selbst gegen näher verwandte Geister stellt er sich in ein ähnliches Verhältniſs. Die Christias des Vida hat er viel benutzt: die Beschreibung des höllischen Conciliums, der Ruf der tartarischen Drommete, vor welcher die tiefen Höllen erzittern, die Zusammenkunft der aus Schlange und Mensch zusammengesetzten Ungeheuer, der Gorgonen und Centauren, und wie sie sonst heiſsen, auch die Rede ihres Beherrschers, der sie an ihr einstmaliges Glück und ihre Verdammung in dieses unerfreuliche Reich mahnet, sind ganz aus Vida entnommen. Es wäre der Mühe werth den Ursprung und die Entwickelung dieser christlichen Mythologie moderner Poeten, welche sich darnach in Milton und Klopstock so merkwürdig fortgesetzt hat, genauer zu verfolgen. Was Tasso anbelangt, so folgt er dem Vida Schritt für Schritt (¹). Wie er aber an dessen Beschreibung des Satanas kommt, „mit hundert Köpfen, von Schlangen umwunden, und feurigen Rachen, mit hundert Händen, allen bewaffnet mit Fackel und Dreizack", so hält er inne. Diese Phantasien überschreiten das Maaſs dessen was ihm darstellbar scheint: er weicht ihnen aus. Er schildert seinen Satan, nach der Beschreibung die Claudian von Pluto entworfen, als einen König der Unterwelt. — Und selbst dem Alterthum folgt er nicht überall. So vollkommen er Virgil bewundert, so nimmt er doch auch von ihm nicht alles an. Die Schicksale der Camilla überträgt er, wie wir sahen, groſsentheils auf seine Heldin Clorinde: auch er läſst den Wärter mit dem Kinde zwischen Räuber und Strom gedrängt, und genöthigt werden sich zu einem verzweifelten Ausweg zu entschlieſsen. Wenn aber nun bei Virgil das Kind an die Lanze gebunden über den Fluſs geworfen wird, so scheint ihm das zu violent, allzu unwahrscheinlich. Er sucht eine andere Art von Rettung. Bei ihm wirft sich der Wärter selbst in die Fluth, und indem er mit dem einen Arme schwimmt, hält er es mit dem andern über derselben empor; jedoch

---

(¹) Gleich der Anfang. Vida Christias lib. I:

Acciri diros ad regia fratres
Limina — concilium horrendum — et genus omne suorum
Imperat.

Tasso:
Che sia commanda il popol suo raccolto:
Concilio orrendo entrò le regia soglia.

Man muſs die ganze Stelle vergleichen.

diese ist ihm allzu stark, und entreifst ihm seine Bürde. Durch St. Georg, den Beschützer des Kindes, geschieht dafs die Fluth es dennoch unbeschädigt ans Ufer trägt. Indem Tasso das Gewaltsame vermeidet, verflicht er zugleich Religion und Wunder in sein Gedicht.

In diesem Sinne der Gestaltung, Milderung und Mäfsigung sind auch die Abänderungen die er bei der späteren Redaction an jenem ersten jugendlichen Entwurfe den er in Urbino gemacht hatte, vornahm. Er hatte da aus dem Guilelmus Tyrius doch zuviel beibehalten: später fühlte er wohl dafs der rein historische Stoff den Gang des Gedichtes hemme, und er that ganz Recht, wenn er davon vieles wegliefs. Ferner kommt in dem Entwurf, bald vom Anfang, wie im jetzigen ersten Gesange, eine Musterung des Heeres vor: alle Anführer, ihre Schaaren, ihre Wappen selbst werden geschildert, in langer Reihe, nicht ohne Wiederholung und Verwirrung; in der spätern Arbeit ist davon vieles bei Seite gelegt: es ist alles gesondert, gegliedert, auf das Ganze berechnet; man empfängt den Eindruck der Ordnung und Gestalt. Die Schilderung der Persönlichkeiten ist ich will nicht sagen besser, aber, wie es der damalige Geschmack forderte, kleiner Züge entkleidet, verallgemeinert. Die lange Rede des Gesandten kommt schon in dem Entwurf ebenso vor wie in dem Werke, aber die Antwort Gottfrieds ist in dem letztern da wo sie abweicht, abgemessener, ruhiger, einleitender. Eine ausführlichere Beziehung auf eine heidnische Fabel wird, der Uniformität und vielleicht um religiösen Einwendungen vorzubeugen, in eine alttestamentliche verwandelt: Enceladus mufs dem Nimrod Platz machen.

Tasso gehört nicht zu jenen ursprünglichen Geistern die den Canon aller Darstellung in sich selbst tragen und durch ihre innere Wahrhaftigkeit verhindert werden davon abzuweichen. Mit diesen Tendenzen, die an sich sehr lobenswürdig wären, hangen doch auch wieder manche Mängel zusammen. Seine Würde ist zuweilen nicht ohne einen Beigeschmack von Pedanterie, wie ihm schon Galilei vorgeworfen (1). Es finden sich gesuchte Gegensätze, sonderbare Concetti: z. B. werden die Herzen im Wasser angezündet, d. i. von Thränen gerührt; von der weifsen Farbe schliefst man bei ihm auf die weifse noch un-

(1) *Considerazioni al Tasso* 1793, ein sehr lebhafter Angriff besonders auf Form und Ausdruck des Tasso. In der römischen Ausgabe ist ein widerlegender Discorso von Giuseppe Iseo hinzugefügt, der aber doch nicht viel sagen will.

befleckte Treue; er sagt einmal: „kaum lebendig in sich, todt in der welche todt." Von jener genauen, innerlich vollführten Durcharbeitung ariostischer Diction ist die seinige weit entfernt, und hie und da fühlt man das Willkührliche, Äufserliche des Zusammenhanges. Seine Religion hat etwas Schwärmerisches. Ein den Christen entrissenes Bild wird den Saracenen wieder abgenommen: der Dichter weifs nicht, ist dies das geheime Werk eines Gläubigen oder gar unmittelbar des Himmels. Die steten Vorhersagungen Peters des Einsiedlers welche auch immer eintreffen, streifen an die Legende. Es ist ein Martyrthum wenn Sophronia, unschuldig, erklärt, sie sei die Thäterin, und Olind, gleich unschuldig, mit ihr sterben will: das schöne Schlachtopfer hat die Gestalt einer gen Himmel aufsteigenden Heiligen. Mit fast zu grofser Zerknirschung drücken sich die Kreuzfahrer aus, wie sie Jerusalem erblicken: obwohl sie weinen, so verdammen sie sich doch dafs sie es nicht mehr thun: sie klagen über ihr frostiges Herz das sich nicht in Thränen auflöse, über ihr hartes Herz das nicht breche. So zerknirscht und doch nicht ohne Antithese.

Dieser Religion ist der Affect den unser Dichter schildert nahe verwandt. Erminia, die in dem Hause Tancreds war und ihm nie ein Wort sagte, wird plötzlich von der Begierde ergriffen ihn in dem feindlichen Lager aufzusuchen. Tancred sah Clorinden kaum einmal: der Anblick der Entfernten fesselt ihn jedoch in dem Augenblick dafs er zum Zweikampf geht dergestalt dafs er diesen vergifst. Dürfen wir das Sentimentale, ohne weiteres Eingehn, in die Verbindung der Liebe und des Mitleidens setzen, so ist dieses in Tasso ein sehr bedeutendes Element. Fast alle seine Liebe geht in Mitleiden aus: in Gildippe und Odoardo nicht minder als in Sophronia und Olind, in Tancred und Clorinde, in Erminia und Tancred, ja sogar in Rinald und Armide. Und in welch ein Mitleiden! Die Klagen des Tancred waren dem Orpheus, welchem die Alten ähnliche in den Mund legen, ohne Zweifel angemessener als einem Kriegsmann wie Tancred.

Hiedurch kommen Elemente in das Gedicht die demselben eine fast individuelle Färbung geben: in die Epopee tritt die persönliche Stimmung des Dichters ein, etwas zugleich Phantastisches und Düsteres, Melancholie der Liebe und der Religion; die Sentimentalität der modernen Zeit. Selbst der Reiz der Sinnlichkeit wird von Phantasie und Begierde ergriffen: sie schwelgt in ihrer Beschauung und läfst davon nicht los: wie so ganz anders als jene kecke Ironie, Derbheit, Unmittelbarkeit ich will nicht sagen Pulcis aber noch Ariostos. Und betrachten wir nun wo überall dies vorkömmt, so dürfen wir wohl nicht sagen dafs der Poet hierin frei von Manier sei. Eben das ist Manier dafs der Autor eine ihm eigenthümliche und werthe Gesinnung in Widerspruch mit den Forderungen des Gegenstandes geltend macht.

Alle diese Bemerkungen werden uns jedoch nicht hindern das Verdienst Tassos anzuerkennen. Im Allgemeinen löste er die Aufgabe die er sich gesetzt hatte. Er hatte die Mannigfaltigkeit, welche das grofse Publicum liebe, und die Einheit, die der Gelehrte suche, mit einander zu vereinigen gedacht. Es war ihm dieses über alles Erwarten gelungen. Zum ersten Mal hatte er den romantischen Stoff den classischen Gesetzen unterworfen, ohne ihn darum doch in seinen wesentlichen Forderungen zu verletzen. Obwohl es bei einem Producte das so ganz aus litterarischen Gesichtspunkten die immer streitig bleiben, hervorgegangen war, an Widerspruch nicht fehlen konnte, so ward ihm doch übrigens von allem Anfang ein unermefslicher Beifall zu Theil. Tasso hatte den gesunden Sinn, nicht allein für die Gelehrten, gleichsam den Adel und die Priester der Litteratur, sondern auch für die litterarische Gemeine, für die Mittelmäfsigen, wie er sich ausdrückt, d. i. für Jedermann zu schreiben: er hatte es glücklich getroffen: ebenhiedurch erwarb er eine allgemeine Zustimmung. Vielleicht hatten daran auch seine Mängel viel Antheil. Eine Gesinnung und Ausdrucksweise wie er sie hegte und wie sie uns als etwas Mangelhaftes auffällt, ward eben allgemein beliebt. Jedoch noch bei weitem mehr that die zugleich leichte und würdige Haltung; die milde, nirgends überwältigende, immer verschönernde Phantasie des Poeten; dafs ein so grofsartiger für Glauben und Phantasie erhebender Gegenstand hier auf eine Weise behandelt wurde die dies darstellte und dabei zugleich dem Sinne des Jahrhunderts entsprach; vor allem der unnachahmliche Wohllaut so vieler glücklich geworfener Strophen. Wir andern werden ohne Zweifel an Ariost ein gröfseres Gefallen finden: die Italiener lassen sich den Vorzug Tassos nicht abstreiten. Man mufs sie diese Stanzen lesen, recitiren hören: mit einer Art von musikalischer Wollust verweilen sie bei den einzelnen Versen: mit entzückter Befriedigung schreiten sie zu den Schlufsreimen fort. Der Genius der Nation hatte hier gleichsam unbewufst in Tasso gearbeitet: er that seinen Landsleuten völlig Genüge: sein Muster beherrscht sie noch heute.

Wie aber der begabte thätige Mensch in der Regel aufser dem was er beabsichtigt, auch noch etwas anderes vollführt, mehr in der Pflicht der Nothwendigkeit und des allgemeinen Geistes, so leistete Tasso in diesem Werke etwas was nicht allein für die poetische Gattung in der er arbeitete, nicht allein für seine Landsleute, sondern für die neuere Litteratur überhaupt von hoher Bedeutung ist. Er ist eigentlich der Erste der ein grofses und glänzendes Beispiel des Modern-Classischen aufgestellt hat. Es unterscheidet sich diefs, wie Jedermann eingestehn wird, noch weit von dem Antiken, obwohl es dem Muster desselben folgt, oder vielmehr die aus den Mustern abgezogenen Regeln beobachtet. Aber eben diese Forderung machte man, und im Allgemeinen entsprang sie auch aus der Lage der Sache. Der moderne und der antike Stoff waren nun einmal zugleich vorhanden und wirkten auf Vorstellungen, Poesie und Ideal. Jedoch widersprachen sie einander und schienen sich wechselseitig auszuschliefsen. Tasso fand eine Form die, der antiken analog und nachgebildet, dennoch den Ausdruck moderner Vorstellungen möglich machte. Hiedurch hatte er eine unendliche Wirkung auf die romanischen Nationen, für welche eine Vereinigung jener Tendenzen noch nothwendiger war als für uns, weil das poetische Alterthum ihrer Nationalität um vieles näher steht.

Zum ersten Mal kommt dergestalt nach langem Kampf und mancherlei Versuchen das Modern-Classische zum Vorschein: Regelmäfsigkeit in der Anlage: Befolgung der aristotelischen Vorschriften: Würde und Gehaltenheit des Tones: Vermeidung des Grellen, etwas gedämpfte Lichter: Wahrscheinlichkeit der Zusammensetzung im Einzelnen: Ruhe, Gediegenheit, Mäfsigung der Darstellung: ferner der Ausdruck moderner Gesinnung, ja persönlicher Stimmungen, etwas was uns nun einmal alle anspricht und unser geistiges Wesen ausmacht: endlich ein ungezwungener Flufs poetischer Rede: Leichtigkeit und Anmuth in den einmal gezogenen Schranken.

Und hier könnten wir stehn bleiben, da wir auf den Punct gelangt sind den wir erreichen wollten, wenn uns nicht die fernere Entwickelung Tassos, der als er sein Gedicht vollendete erst 31 Jahre zählte, noch einen Augenblick festhielte.

Jedermann kennt das unglückliche Schicksal Tassos im Allgemeinen. Bei weitem weniger bekannt sind die innern Motive desselben, die zugleich mit der universalen Verwandlung des Zeitgeistes zusammenhangen.

Denn an jene Erzählung von einem Verhältnifs des Dichters zu der Prinzessin Leonore von Ferrara, die zuerst ein gewisser Brusoni, ein anerkannt fabelhafter Autor in der Mitte des 17ten Jahrhunderts, in Umlauf brachte, ist nun zuvörderst gar nicht zu glauben. Vor mehreren Jahren hat das *Giornale di Milano* einen Fund angekündigt, den man in der Casa Falconieri zu Rom gemacht habe; da seien die Originale der Briefe und Sonette versteckt gewesen die zwischen beiden gewechselt worden, um deren willen Alfonso II den Dichter gefangen gesetzt habe. Gleich als würde der Fürst, nachdem er sich der Person versichert, nicht auch die Papiere an sich genommen haben: er der sogar das unschuldige Gedicht der *Gerusalemme* lange Zeit nicht herausgeben wollte. Gewifs ist hier irgend eine Mystification im Spiele.

Man braucht in der That nur die Briefe Tassos im Zusammenhange zu lesen um sich von dem Ungrund dieser Fabel zu überzeugen.

Tausend Mal erörtert Tasso in denselben sein Unglück: in der Heftigkeit seiner Leidenschaft verschweigt er nichts was er weifs, was zu seiner Entschuldigung dienen kann; jedoch von einem Verhältnifs dieser Art, das ja doch nicht unehrenvoll für ihn war, findet sich nicht die leiseste Spur, nicht die entfernteste Andeutung. Er hat dieser Prinzessin einige Sonette gewidmet, in denen er sagt, er würde noch zu andern Gefühlen gegen sie erweckt worden sein, wenn ihn nicht ihr Rang zurückhielte: allein das ist eben nur eine poetische Formel: ihrer Schwester Lucrezia trägt er ganz andere Schmeicheleien mit dem Ausdruck persönlicher Leidenschaft vor. Leonora war sehr zurückgezogen, männlich, gefiel sich in einer stoischen Gleichgültigkeit: sie galt für eine Heilige: man schrieb es z. B. ihren Gebeten zu, dafs Ferrara von einem Erdbeben, welches eintrat, nicht härter mitgenommen wurde. Von einer schwachsinnigen Hinneigung zu einem jungen phantastischen Poeten war die ernste, stille, vernünftige Fürstin weit entfernt. Auch könnte man eher sagen, dafs Tasso ihrem Andenken Gleichgültigkeit bewiesen habe. Als sie gestorben war, wurde sie von Allem was in Ferrara Verse machte, besungen: Tasso allein, der doch auch da war, und sonst jedes Gefühl in ein Madrigal, ein Sonett giefst, schwieg stille; er hat sie niemals wieder erwähnt.

Weit andere Dinge waren es, die den armen Tasso bedrängten und in innerer Gährung herumwarfen.

Einmal seine Lage am Hof in Ferrara überhaupt. Die italienischen Litteraten pflegten, wenn das Glück sie nicht besonders bedacht hatte, sich irgend einem Grofsen, einem Fürsten, einem Cardinal, einem reichen Edelmann anzuschliefsen, und in dessen Hause, ohne bestimmte Bedienung, zu verweilen, bis Glück oder Verdienst ihnen bei diesem ihrem Herrn eine einigermafsen sichere Stellung verschafften. So stand auch Tasso anfangs bei dem Cardinal Este, dann bei dem Herzog von Ferrara: und auf diefs persönliche Verhältnifs gründete er die Hoffnungen für seine Zukunft. In seinem Gedicht hatte er nach dem Muster seiner ferraresischen Vorgänger das Haus Este aufs neue verherrlicht: er zweifelte nicht, dafs diese Beflissenheit und das Verdienst seines Werkes ihn auf eine höhere Stufe, in eine bequemere, angemessenere Lage befördern würden. Hoffnungen aber, auf Hofgunst gegründet, sind zu allen Zeiten trügerisch gewesen: auch Tasso wurde hingehalten, nicht befriedigt. In dieser Zeit geschah nun dafs er einen Antrag erhielt in die Dienste des Hauses Medici zu treten. In der Stimmung in der er war, liefs er sich bewegen darauf einzugehn. Hätte er es nun wenigstens auch sogleich ausgeführt! Da er sich aber doch nicht völlig entschliefsen konnte, gerieth er in eine unbestimmte, schwankende und höchst unbequeme Stellung. Schon mit sich selber ward er uneins. Indem er in Ferrara darauf antrug dafs man ihn zum Geschichtschreiber des Hauses ernennen möge, gelobte er seinen florentinischen Freunden dies Amt nicht anzunehmen, um nicht von dem Haus Medici ungünstig reden zu müssen (¹). Allmählig aber wurde jene Unterhandlung auch Andern bekannt, an dem Hofe ruchtbar. Zwischen Medici und Este bestand eine uralte, eingewurzelte Eifersucht: Alfonso, der von einem Angehörigen unbedingte Verehrung forderte, war davon betroffen dafs ein so nahmhafter Mann zu seinen Feinden übergehn wolle. So wie das Vertrauen schwand das der Hof bisher dem Dichter bewiesen, regten sich seine Feinde, seine Neider. Ja Tasso selbst hatte Augenblicke wo er sich wegen seines Vorhabens verdammte: er fürchtete,

---

(¹) *Lettere di Tasso Opere* Tom. IX p. 412.

man werde es ihm als einen Treubruch auslegen, der ihn beschimpfe. Alle diese Dinge setzten ihn in eine innere Aufregung, die ihn, wenn ich nicht irre, auch deshalb um so mehr beherrschte, da sein Gedicht, das bisher seine Phantasie beschäftigt, sie in einem bestimmten Kreise der Thätigkeit festgehalten, damals im Ganzen vollendet war, und er sich ungestört seinen düstern Imaginationen, seinem menschenscheuen, egoistischen Mifstrauen überlassen konnte.

Und dazu kamen peinliche Gedanken von einer noch schlimmern Art. Tasso fühlte sich, der entschieden religiösen Richtung die er hatte zum Trotz, in dem christlichen Glauben nicht fest. Er hatte den ersten Unterricht in einer Jesuitenschule zu Neapel bekommen: er erzählt selbst, dafs er von den Jesuiten bereits in seinem neunten Jahre zum Abendmahl gelassen worden sei, ehe er noch von der Bedeutung desselben etwas verstanden. „Aber die Umgebung, sagt er, die Würde des Ortes, der Apparat, das Murmeln und Sich an die Brust schlagen der Umstehenden brachten in mir eine geheime Devotion hervor" ([1]). Die Frömmigkeit welche die Jesuiten bezweckten, beruhte überhaupt mehr auf der Erregung eines dunkeln Gefühles als auf Einsicht, auf Unterricht. Ehe Tasso diesen empfangen konnte, ward er in die Irrfahrten seines Vaters verflochten. Da war er nun wohl übrigens ein guter Katholik geworden, d. h. er hafste, wie er sagt, den Namen eines Lutheraners, eines Ketzers, als etwas Verpestendes, — er wünschte von Herzen, „wiewohl", nach seinem eigenen Ausdruck, „mehr mit weltlichem als mit geistlichem Eifer", dafs der Sitz des Glaubens, dafs das Papstthum sich bis ans Ende der Tage erhalten möchte, — es war in ihm der allgemeine Umschwung der italienischen öffentlichen Meinung von einer Abneigung gegen das Papstthum zu einer Hinneigung zu demselben vorgegangen: aber diefs hinderte nicht, dafs ihm nicht gegen die Grundlehren des Glaubens Zweifel aufgestiegen wären. Er konnte die Meinungen der Philosophie denen er Beifall gab, mit diesen Lehren nicht vereinigen. Er hielt Gott für ein ewiges Prinzip, für die erhaltende Weltseele; aber ob er die Welt geschaffen, ob er dem Menschen eine unsterbliche Seele verliehen, ob er sich selbst mit der Menschheit bekleidet habe, alles diefs war ihm zweifelhaft, und daraus folgte denn, dafs er an die Wirksamkeit der Sacramente, an Himmel und Hölle, endlich auch an die Autorität des römischen Stuhles nicht vollkommen

([1]) *Lettera di Torquato Tasso* 1580 17 *Maggio* bei Serassi *Vita di Tasso* p. 48.

glauben konnte. Was ihn noch in Schranken hielt, war, wie er sagt, nur eine knechtische Furcht vor den ewigen Höllenstrafen, die ihm eben auch in erster Jugend eingeprägt worden sein wird.

Nicht immer hatte er nun mit diesen Meinungen zurückgehalten; da er sich jetzt von Feinden umgeben und verfolgt glaubte, da er Jedermann in Verdacht hatte, so fing er an zu fürchten, man habe ihn bei dem geistlichen Gericht angegeben. Es kam hinzu, dafs viele Einwendungen die gegen sein Gedicht gemacht wurden diesen Punkt betrafen. Nicht alle seine poetischen Phantasien hatten das Gepräge der Rechtgläubigkeit (1): und ohnehin gab es manchen ehrenwerthen Mann dem alle und jede Dichtung in einem so kirchlichen Stoff unzulässig vorkam. Anfangs hatte sich Tasso darüber hinweggesetzt: allmählig machte es doch einen gewissen Eindruck auf ihn, da es mit seinen übrigen Befürchtungen zusammenfiel. Jedoch das Schlimmste war, dafs in ihm selbst Scrupel erwachten. War ihm heute ein religiöser Zweifel aufgestiegen, so verdammte er sich morgen darüber: es bedrängte ihn selbst dafs er ein schlechter Christ sei. Von äufserer Furcht und von innerer Bekümmernifs zugleich getrieben, fafste er endlich den Gedanken sich selbst der Inquisition anzugeben. Zuerst stellte er sich vor dem Inquisitor von Bologna, der ihn mit einigen guten Lehren entliefs. Bald darauf erschien er vor dem Inquisitor in Ferrara: auch dieser absolvirte ihn (2). Jedoch Tasso war damit nicht zufrieden. Es schien ihm, die Untersuchung sei nicht gründlich genug gewesen, die Absolution habe keine volle Gültigkeit: er fafste Briefe an das Tribunal der Inquisition zu Rom, an den Grofsinquisitor selbst ab, um eine vollständige Absolution zu erlangen. Er gerieth in eine furchtbare Agitation. Eine ungünstige, ja drückende äufsere Lage, — ergriffene, wieder verworfene Aussichten, — Mifstrauen gegen Jedermann: unerschütterliche Gesinnung zu keinem Menschen auf der Welt, — ein durch sein Verdienst, das ihm jetzt sogar verderblich ward, gesteigerter Ehrgeiz, den man um so unbarmherziger zurückwies: — und dazu nun religiöse Zweifel, die er verdammt indem er sie hegt: so dafs er misbilligt was er thut und es doch thut, seine Gedanken verwirft und sie doch nicht ändern kann; Alles das quält ihn um so mehr, arbeitet und wühlt um so tiefer in ihm, da er

(1) Man sehe unter andern den Brief Tassos an Silvio Antoniani: *Opere* Tom. X p. 147.

(2) Serassi p. 232, p. 248, p. 252.

in sich selbst nicht mit Heuchelei umgeht, da er es mit Treue und Religion ehrlich meint: — so wird die Harmonie seines Daseins zerstört: er hat weder die Kraft noch den Willen seine aufgeregten, entflammten Lebensgeister von dem verderblichen Wege zurückzurufen, in Schranken zu halten. Er giebt Anlafs dafs man ihn für wahnwitzig hält.

Zweimal entweicht er von Ferrara: aber die Überredung seiner Freunde und die poetische Meinung, der Herzog werde grofsmüthig allen Groll fahren lassen wenn er sich wieder in seine Arme werfe, bringen ihn beide Mal dahin, zurückzukehren. Als er das zweite Mal wiederkommt, mit neuen grofsen Hoffnungen, trifft er gerade zu einer Zeit ein wo man mit Festen beschäftigt ist und Niemand auf ihn achtet. Er empfindet das als eine absichtliche Kränkung: in einem Anfall seiner melancholischen Aufregung stöfst er beleidigende Reden gegen den Herzog aus. Der Herzog, der auch nicht mit sich scherzen zu lassen pflegte, hält für das Beste, zugleich um ihn zu strafen und ihn curiren zu lassen, ihn in das Spital von S. Anna einzuschliefsen. Und hier wurde nun der arme Tasso sieben lange Jahre, von 1579 bis 1586, festgehalten. „Er ist in der That wahnsinnig", schreibt der florentinische Resident 4 April 1583 an seinen Hof, „doch spricht er zuweilen recht vernünftig und macht poetische Compositionen" (¹). Seine Seele war in ihrer Tiefe zerrüttet und die endlich zurückgegebene Freiheit konnte sie doch nicht völlig herstellen. Er suchte 1589 eine Zuflucht in Rom, wie er denn auch dort eine Zeit lang im Pallast Gonzaga gastfreie Aufnahme fand. Aber sei es nun dafs seine Melancholie den Umgang mit ihm unangenehm machte oder aus welcher Art persönlicher Abneigung auch immer, in kurzem finden wir ihn aus diesem Hause verwiesen. Er mufste in Gasthöfen herumwohnen, und zwar ohne Geld, ohne anständige Kleider, und von seiner Krankheit gepeinigt. Er mufste in ein Hospital gebracht werden, das einer seiner Vorfahren für arme Landsleute gegründet hatte. Es fehlte nicht viel, so hätte der Mann der damals in gewissem Bezug als der ausgezeichnetste in Italien angesehen werden konnte, dessen Geist die italienische Litteratur beherrschte, vor den Kirchthüren betteln müssen. Es

(¹) *Dispaccio Horatio Urbani MS Arch. Med.* III 23. *Il Tasso come sa V. A. S. è qua in carcere, et in effetto è pazzo, se bene molte volte parla a proposito, discorre e fa di componimenti, i quali tutti sono a pocho a pocho andatisi divulgando e stampatisi in diversi luoghi fuori della sua voluntà e per lo più imperfetti et ripieni d'infinite scorrettioni et alterationi.*

ging ihm wahrlich noch schlimmer als unserm Kepler oder als seinem Zeitgenossen Camoens.

In diesen verzweiflungsvollen Zuständen nahm aber Tasso eine immer entschiedener geistliche Richtung. In seinem Gefängnifs glaubte er durch eine förmliche Erscheinung der heiligen Jungfrau genesen zu sein: als er dann befreit worden, that er das Gelübde seine Poesie nie wieder einem profanen Gegenstande zu widmen. Am liebsten hielt er sich seitdem in Klöstern auf: er studirte nur noch die Kirchenväter, die alten Lehrer: es findet sich ein Exemplar des Augustin durchweg mit Randglossen von seiner Hand: er war glücklich als er endlich einen Thomas von Aquino zu Handen bekam. Allein diese ernsten Studien verhinderten nicht, dafs er sich nicht doch noch den ausschweifendsten Phantasien überlassen hätte. Er glaubte alles Ernstes zuweilen von einem guten Engel besucht zu werden, und wollte sich nicht überzeugen lassen dafs diefs Imagination sei. Selbst in Gegenwart eines Dritten hatte er einst diese Erscheinung: man hörte ihn zu dem Fenster hinaus über die dunkelsten Fragen der Gottesgelahrtheit mit jenem Genius, den er zu sehen glaubte, Zwiesprache halten.

Schmerzliche Entwickelung eines so reich begabten Geistes. Aber er ist ein Beispiel, welche gewaltsame Lebenserschütterungen die Restauration des Katholicismus, die sich damals vollzog, in einzelnen Gemüthern zur Folge hatte.

In dieser ganzen Epoche fuhr Tasso fort zu dichten; jedoch wie die Zustände, so waren auch die Werke verschieden. Endlich legte er Hand an, auch das befreite Jerusalem umzuarbeiten: natürlich in dem Sinne der ihm jetzt der einzig zulässige schien. In der *Gerusalemme conquistata* — denn so nannte er das Gedicht — sind die Regeln noch viel strenger gehalten, die anstöfsigen Stellen ausgemerzt, die ungeistlichen Phantasien gestrichen, die Beziehungen auf Ferrara, das er jetzt hafste, mit ängstlicher Peinlichkeit vernichtet, — an die Stelle des Rinald z. B. mufs allenthalben ein Riccardo treten, was dann sehr unbequeme, kleinliche Änderungen nothwendig macht — es finden sich neue Zusätze der Devotion oder der Gelehrsamkeit: aber zugleich ist dem Gedichte auch sein Reiz genommen: es ist alles schroffer, gewaltsamer, übergangsloser geworden. Es ist wohl nur Eine Stimme, dafs die spätere Arbeit eigentlich durchgehends eine Verderbung der frühern ist.

Allerdings bezeichnet sie auch eine Stufe in der italienischen Litteratur: die noch ausgebildetere Herrschaft der geistlichen Tendenzen, die sich in Kunst und Gelehrsamkeit ebenfalls durchsetzte. Aber es war nur kein Gedicht mehr: Niemand hatte daran Wohlgefallen.

Wenn wir von Tasso dem Dichter sprechen, so ist es immer der jugendliche den wir meinen, — von jener Zeit in welcher innere Stimmung und äufsere Lage ihn allein fähig machten ein Dichter zu sein, jenes Poem zu verfassen, das eine so bedeutende Stufe in der Entwickelung der italienischen, ja der gesammten Poesie überhaupt bezeichnet.

Denn wie unvollkommen auch in einer und der andern Beziehung die *Gerusalemme liberata* sein mag, so liegt doch unleugbar in ihr auch eine Zusammenfassung, eine Vollendung aller frühern Bestrebungen.

Jenes altromantische Werk aus dem 14ten Jahrhundert, von dem wir ausgingen, drückt die Idee der kriegerischen Christenheit, wie sie in dem Mittelalter erschien, in einer universalen Dichtung aus. Die Helden deren Thaten es schildert, die Feinde die es bekämpfen läfst, haben keine andere Bedeutung als von dieser Idee aus: sie sind nicht in freier Wahrnehmung empfangen und wiedergegeben: sie liegen aufserhalb der Natur der Dinge: sie sind sich darum so gleichartig, weil sie von dem Gedanken gefesselt sind den sie ausdrücken.

Als nun das Leben sich individueller entwickelte, als die Studien des Alterthums erwachten — ohne dafs man doch jene Dichtungen, die man lieb gewonnen, da sie einen Grundzug des Daseins in sich darstellten, darum verlassen hätte, — machte man einen Versuch sie mit dem Sinne späterer Zeiten zu durchdringen, darin umzudichten.

Dazu war nun vor allem eine entschlossene Lossagung von der Idee der Kirche nothwendig. Wir sahen, wie diese Trennung, dieser Gegensatz zuerst in dem Werke Pulcis hervortritt, einer wilden Composition, die aber in Fülle der Ideen, Kühnheit der Conceptionen, Mannigfaltigkeit der Erfindungen und unbewufster Poesie ihres Gleichen nicht hat. Er bahnte den Weg. Die alte Dichtung durchdrang er zuerst mit den Gedanken und der Sinnesweise eines andern Jahrhunderts.

Hierauf zeigte sich der Einflufs der classischen Studien. Pulci kannte das Alterthum: doch tritt es bei ihm mehr als Gelehrsamkeit und ohne sichtbaren Einfluſs auf die Form hervor. Wann aber wirkten die antiken Formen überhaupt tiefer und vielseitiger als gegen das Ende des funfzehnten, am Anfang des sechszehnten Jahrhunderts, wo vermöge des Antriebs den sie gaben, Baukunst, Sculptur und Mahlerei einen neuen Schwung empfingen und die ganze Litteratur umgebildet ward. Bei der ersten Begegnung der antiken Formen mit den modernen Stoffen war die Wirkung am lebendigsten, geistigsten; auch in unserm Gebiete.

Bojardos vornehmstes Verdienst ist es jene einförmigen Charaktere der Romantik mit menschlicher und individueller Wahrheit belebt zu haben. Ariosto folgte ihm nach: er überwand die Manier des Mittelalters im Ausdruck: er arbeitete seinen Stoff bis in die kleinsten Züge naturgetreu aus. Sie wetteiferten mehr mit dem Alterthum als daſs sie es nachgeahmt hätten: sie lieſsen den romantischen Ideen ihre poetische Gerechtigkeit widerfahren; so brachten sie es zu Gestalt, Anmuth und romantischer Schönheit.

Aber immer fleiſsiger und ausgebreiteter wurden die Studien des Alterthums getrieben: in der nationalen Gesinnung ging eine Veränderung vor, bis in die Formen des Privatlebens, der geselligen Mittheilung sichtbar: — nach einiger Zeit schritt man zu neuen Forderungen und Versuchen fort. Noch viel näher wollte man sich den Formen des Alterthums anschlieſsen. Man unternahm, epische Gedichte nach den Regeln des Aristoteles hervorzubringen: man suchte den Ausdruck besonders der lateinischen Dichter, ihre Würde und Reflexion auf den romantischen Stoff überzutragen.

Wir könnten nicht sagen daſs es mit diesem Bestreben sehr gelungen wäre. Es ist eine Epoche wie sie auch in der Kunstgeschichte eintritt, der Nachahmer Michel Angelos und Raphaels, wo die innern Motive erkalten und man sein Heil in der Weiterbildung eines der frühern Kunstübung abgelernten Formellen sucht.

Was nun damals allen Bestrebungen in der Kunst und allgemeinen Litteratur ein neues Leben gab, war die Restauration der kirchlichen Ideen.

In der Poesie nehmen wir ihre Wirkungen zunächst in Tasso wahr. In der *Gerusalemme liberata* finden wir eine Vermittelung aller Momente: Verständniſs, und Gefühl für den romantischen Stoff: Ernst und Gehaltenheit der Darstellung: eine sehr umfassende Kunde des Alterthums und Nachahmung desselben nach den aristotelischen Regeln: Erneuung der christlichen Ideen auch in dem Gedicht. Allerdings ist dies Werk weder in Tiefe und

Gröfse mit Dante noch in Lebendigkeit und Fülle der Anschauung mit Ariost zu vergleichen: aber es ist eine glückliche Vereinigung der mannigfaltigen Bestrebungen des Zeitalters, im rechten Moment concipirt und hingeworfen: nicht die Hervorbringung eines grofsen Genius voll ursprünglicher Schöpferkraft, aber die gelungene Arbeit eines empfänglichen, fleifsigen, phantasiereichen, gelehrten Bildners und Poeten.

Auch war es nur ein Product des Momentes. Weder in Tasso selbst noch in irgend einem Zeitgenossen wäre ein gleiches ein Jahrzehend später möglich gewesen. Denn mit nichten hielt man an dieser Stelle fest: man ging weiter und weiter: aber freilich dann auch aus dem Kreise poetischer Möglichkeiten heraus: erst später suchte man den verlassenen Standpunkt wieder zu gewinnen: einen Standpunct der wie an sich, so durch die Vereinigung mehrerer Grundbestrebungen welche in den romanischen Nationen mit einer gewissen Nothwendigkeit herrschen, für sie auf alle Zeit bedeutend blieb. Tasso hatte ihn zuerst eingenommen und die Form angegeben, die man dort alsdann weiter ausgebildet und zur Bedingung aller Darstellung gemacht hat, — gegen deren Allgemeingültigkeit erst unsere Tage einen nachhaltigen Widerspruch erheben sahen.

Nachträgliche Bemerkung.

Da ich p. 77. der Papiere aus der Casa Falconieri gedacht habe, so will ich doch nicht versäumen, hinzuzufügen, daſs der erste Theil derselben so eben wirklich erschienen ist (Lucca 1837.). Noch ist das Buch nicht in unsere Gegenden gelangt, aber ausführliche Inhaltsanzeigen benachrichtigen uns, daſs es von jenem geheimen Verhältniſs Tasso's zu der Prinzessin Leonore, das man hier in allen Details hervortreten zu sehen erwartete, auch nicht das Mindeste enthält. Natürlich! Schon Serassi benutzte dieselben Papiere, und dieser ehrenwerthe, gelehrte, und alles Zutrauens würdige Mann ist es gerade, der von allen den romanhaften Erzählungen am entschiedensten nichts wissen will. Mit Freuden würde ich aus neuen Documenten neue Kenntniſs schöpfen: jetzt ist der Stand der Sache folgender. Für jene Erzählungen werden einige Briefe und Gedichte angeführt, die aber sämmtlich nichts enthalten, was sich nicht auch anders erklären lieſse. Welch ein miſsliches Unternehmen ist es überhaupt, aus den leichten Schöpfungen der Phantasie eines Poeten die realen Verhältnisse und Lebensbeziehungen desselben ernstlich ermitteln zu wollen. Man mag doch darüber Lessing einmal wiederlesen! In unserm Falle stehen aber auch die überdieſs in sich unzusammenhängenden Resultate eines solchen Bemühens mit allen glaubwürdigen Zeugnissen im Widerspruch. Da ist gleich der Brief M. Venier's an den Groſsherzog von Toskana, einen Herrn, dem wahrhaftig die etwanigen Anzüglichkeiten der ferraresischen Hofgeschichte nicht verschwiegen zu werden brauchten: den Tag nach der Gefangennehmung Tasso's, über welche dieser Brief überhaupt die einzige glaubwürdige Meldung enthält (Serassi p. 247.).

Venier schreibt das Unglück Tasso's, den er von Herzen bedauert, den melancholischen Grillen desselben, der Einbildung, daſs er ein Ketzer sei, zu. Dann folgen alle die eigenen Erklärungen Tasso's, zuweilen abrupt und in der Aufwallung hervorgestoſsen, zuweilen sehr ausführlich und eingehend (z. B. *Opere* S. VIII. p. 255.), die aber einen ganz andern Gang seiner Entwickelung nachweisen. Diese Entwickelung, welche leider der gesammte spätere Verlauf seines Lebens und Dichtens fortführt, diese Rückwirkung der allgemeinen eine Zeit beherrschenden Tendenzen auf den individuellen Geist, der sich ihnen unterwirft, aber von ihnen zerstört wird, ist es auch allein, weshalb der ganzen Sache gedacht worden ist.

Zeitfracht Medien GmbH
Ferdinand-Jühlke-Straße 7
99095 Erfurt, Deutschland
produktsicherheit@kolibri360.de